야, 너도 공부에 한번 미쳐 봐

서준석
지음

서울대 세 번 합격한 공부 천재가 밝히는
공부력 상승의 법칙

야, 너도
공부에 한번 미쳐 봐

ORNADO
토네이도

스스로에게 물어보라.

난 지금 무언가를 변화시킬 준비가 되었는가?

-잭 캔필드

서울대 의대, 치대, 공대를 석권한 저자는 이 책을 통해 자신의 공부 여정을 바탕으로 한 공부법을 공유한다. 저자뿐만 아니라 서울과학고와 서울대에서 만난 여러 수재들의 구체적인 공부 사례도 함께 담겨 있는 이 책은 오늘도 힘든 입시의 길을 걷고 있는 학부모와 학생들에게 큰 힘이 될 것이다.

송용진_전 인하대학교 수학과 교수, 전 국제수학올림피아드 한국대표단 단장

공부에 대한 새로운 시각을 제공해주는 서준석 원장의 이 공부법 책은 단순히 성적 향상의 비법뿐만 아니라 공부를 대하는 태도를 완전히 뒤바꿔준다. 공부를 통해 인생을 변화시키길 원하는 모든 학생들에게 이 책을 추천한다.

조규붕_하버드대학교 물리학과 박사이자 라이스대학교 물리학과 교수

공부의 심오한 세계에 빠지고 싶은가? 원하는 입시에서 좋은 결과를 얻고 싶은가? 저마다 목표 지점은 다를 수 있지만, 그것을 달성하기 위해 저자처럼 공부하다 보면 어느새 목표 지점에 도달해 있는 자신을 발견할 것이다.

이승헌_국제물리올림피아드 메달리스트, 포항공과대학교 물리학 박사

저자는 수능 시험에서 모두 최상위의 성적을 냈다. 그의 흔들림 없는 성적 뒤에는 그만의 똑똑한 공부법과 뜨거운 열정이 있었다. 이 책을 통해 수많은 수험생 여러분들이 다시금 새롭게 도전하는 용기와 지혜를 얻었으면 좋겠다.

안형준_국제수학올림피아드 메달리스트, 캘리포니아공과대학교 응용수학과 박사

서울대에 세 번 합격한 화려한 학벌의 이면에 있는 저자의 가장 독보적인 강점은 자신의 주장에 대한 강력한 확신이다. 그리고 그 확신은 지독하게 공부하고 치열하게 연구했던 저자만의 공부 경험에서 비롯되었다. 여러분도 그가 깨달았던 공부의 본질을 알게 되길 바란다. 이 공부법 책이 험난한 입시 공부의 길에 한 줄기 빛이 되어줄 것이다.

미미미누_유튜브 구독자 170만을 보유한 교육·입시 콘텐츠 크리에이터

서울대에 세 번 합격한 공부의 원동력

나는 서울대학교에 세 번 입학했다. 어찌 보면 고등학교도 두 번 입학했다고 말할 수 있다. 고등학교 진학을 준비하면서 어머니가 적극적으로 추천하신 민족사관고등학교에 들어가기 위해 3차에 달하는 입학시험을 치렀고, 그 결과 수석으로 합격하는 결과를 얻었다. 하지만 내 마음속 한편에는 이제 설립된 지 2년밖에 되지 않은 민족사관고등학교보다는 서울과학고등학교에 진학하고 싶은 바람이 컸다. 개교한 지 10년 가까이 되어 가던 서울과학고등학교는 이미 서울대학교 주요 과의 수석 합격자를 다수 배출한 고등학교로 당시 함께 대치동 학원에서 동고동락했던 친구들 역시 서울과학고를 목표로 하고 있었다. 고민 끝에 나는 또 한 번의 입학시험을 치르고 서울과학고에 진학했다.

3년간의 고등학교 시절을 마치고, 나는 대학수학능력시험을 보고 정시로 서울대학교 전기공학부에 00학번으로 입학했다. 지금과 달리 그때는 공학자가 되고 싶었기 때문에 가장 바라던 과에 진학한 셈이었다. 하지만 4년간의 대학 생활을 보내며 나는 내가 진짜 행복하게 살려면 어떤 일을 해야 하는지를 처음으로 진지하게 고민하게 되었다. 그러면서 내가 가장 잘할 수 있는 것은 전기공학자로서의 삶이지만, 그것이 가장 행복한 길은 아닐 수 있다는 결론에 이르게 되었다.

나는 다른 서울대 동기들이 군대에 갈 준비를 하거나 유학을 떠날 준비를 하는 대학교 4학년 때, 부모님께도 비밀로 하고 수능을 4년 만에 다시 준비하여 응시했다. 그리고 그 결과 서울대학교 의과대학에 정시로 합격했다.

예과와 본과를 합쳐 대학에 6년을 다니면서 한국 나이로 서른 살이 되던 해에 의사면허를 따고 10년간의 서울대학교 생활을 마무리했다. 다른 사람들은 군대도 가고, 직장에 취업도 하고, 결혼도 하고 심지어 자녀도 낳는 20대에 나는 20학기 연속 줄곧 서울대학교 학부를 다녔으니, 이 자체만으로도 가방끈은 누구 못지않게 길다고 자부한다.

그러나 나의 길고 긴 가방끈은 이게 끝이 아니었다. 나는 나이 때문에 전공의 지원을 하지 못하고 공중보건 의사로 병역을 이행하기 위해 시골 보건소에서 3년의 세월을 보냈다. 그 시간 동안 나는 앞으로 어떻게 살아야 행복할 수 있을지를 또다시 골똘히 고민하게 되었다. 그리고 대학병원 교수나 봉직의보다는 작더라도 나만의 의원을 가지는 개업의로서 살고 싶은 내 마음을 확인할 수 있었다. 그것이 나만의 확실한 행복에 이르는 길이라는 확신이 들었다.

이러한 결론에 도달한 순간, 공보의를 마치고 서울대병원에 전공의로 지원하여 5~6년을 수련하고 전문의로 개업을 하는 대신, 서울대학교 치의학전문대학원(치전원)에 들어가서 4년의 시간을 거쳐 치과의사 면허를 취득해야겠다는 계획을 세웠다.

공보의를 마치고 나는 다시 서울대병원으로 돌아가지 않고, DEET(치의학교육입문시험)에 응시하여 서울대 치전원에 진학했다. 치전원은 사실상 치과대학의 커리큘럼과 동일했기 때문에 어떻게 보면 나는 서울대학교 학부 생활을 14년간 한 셈이 된다. 다른 사람들은 보통 4년, 길어야 5~6년에 끝나는 대학 생활을 자그마치 14년이나 경험한 것이다.

　서울대학교 의과대학이 의예과일 때는 자연대학 소속이기 때문에, 서울대학교 공대, 의대, 치대에 다닌 나는 학번이 자그마치 네 개나 된다. 대학원 학번이 아니라 학부 학번이 네 개인 서울대생은 아마 내가 유일할 것이다. 이는 내가 그만큼 대단하다기보다 한 전공에 있지 않고 이 전공, 저 전공을 기웃거렸다는 얘기일 것이다. 다행인 것은 그 전공을 모두 졸업하여 전기공학사, 의사, 치과의사라는 직업을 모두 가질 수 있다는 점일 테고 말이다.

　이 책은 나의 길고도 치열했던 수험 생활을 이끌어온 나만의 공부법에 대한 이야기다. 나는 한 번도 들어가기 어렵다는 서울대에 무려 세 번이나 합격했다. 고등학교 졸업 후 4년이라는 시간이 흘러 이미 대학 생활을 시작한 상태에서, 또 낮에는 페이 닥터로 일하며 시간을 쪼개가며 공부해야 하는 상황 속에서도 나는 합격의 문을 두드렸고, 결국 성공을 거둘 수 있었다.

　이 모든 것이 가능했던 원동력은 무엇일까? 나에게는 어린 시절부터 꾸준히 길러온 공부 습관과 훈련된 학습 전략이 밑바탕에 있었다. 하지만 가장 큰 원동력은 '이왕 하는 공부, 한 번 미쳐 보자'라는 강력한 의지가 공부를 하는 내내 나를 붙들고 있었다.

지금, 공부를 더 잘하고 싶지만 어디서부터 시작해야 할지 몰라 막막한 기분이 드는가? 시험은 다가오는데 어떻게 해야 할지 몰라 두려움과 답답함 속에서 고민하고 있는가? 나 또한 한때 그러한 감정을 경험했기에, 그 마음을 누구보다 잘 이해한다. 하지만 그 막막함은 끝이 아니라 새로운 시작이 될 수 있다. 이 책은 바로 그러한 고군분투의 길을 걷고 있을 여러분을 위해 쓰였다.

끝으로 1년 사이에 내 곁에 와준 아내와 딸에게 진심으로 사랑한다는 말을 전하고 싶다. 앞으로 남은 내 인생의 고군분투는 아마 온전히 그들을 위한 것이 되지 않을까 싶다.

Part 1

평범한 아이에서
1등으로 가는 길

공부에 미치다
: 실패 없는 '진짜 공부' 습관

Part 3

서울대에 세 번 합격한
공부 비책

Part 4

최상위권으로 가는
과목별 공부법

누구나 1등이 되고 싶다,
하지만 1등처럼 공부하지 않는다

야구계의 원로이자 '야구의 신'으로 불리는 김성근 감독의 위대함은 여러 가지 면에서 드러나지만, 내가 가장 주목하고 싶은 그의 강점은 바로 절실함이다. 그는 그저 좋은 성적을 내는 것에 그치지 않고, 선수들에게 절실함과 전력을 다하는 자세를 끊임없이 요구했다. 이러한 그의 지도 철학은 단순히 야구라는 스포츠를 넘어, 삶의 모든 영역에서 귀감이 될 만큼 깊은 통찰을 담고 있다.

지금 이 책을 펼친 여러분은 아마 더 나은 성적이나 점수를 얻기 위해, 나아가 자신의 인생 목표에 다다르기 위해 새로운 무언가를 찾고 있을 것이다. 그래서 본격적인 이야기를 시작하기에 앞서, 김성근 감독이 항상 강조했던 좋은 투수의 조건에 대해 꼭 나누고 싶다. 이는 공부뿐만 아니라, 인생 전반에 걸쳐 큰 깨달음을 줄 수 있기 때문이다.

나에겐 절실함이 있는가?

투수는 한 시합에서 적게는 수십 개, 많게는 백 개가 넘는 공을 던진다. 매번 타자를 상대하며 던지는 공은 단순히 숫자로 치환되는 것이 아니다. 김성근 감독은 이렇게 말한다.

"아무리 많은 공을 던지더라도 허투루 던지는 공이 있어서는 안 된다."

그의 철학에 따르면, 투수는 매 순간 자신의 모든 것을 쏟아부어야 한다. 아무리 실력이 뛰어난 투수라 하더라도, 공한 구 한 구에 혼신의 힘을 다하지 않는다면 중요한 순간에 무너질 수 있다. 따라서 그는 모든 투구를 마지막 투구라 생각하고 던지라고 강조한다. 마치 이번 한 번의 투구가 자신의 모든 야구 인생을 결정짓는다는 마음가짐으로 임해야 한다는 것이다. 이러한 철학은 김성근 감독이 거장의 자리에 오른 원동력이었으며, 그의 야구관을 대표하는 가치관이기도 하다.

김성근 감독의 이러한 절실함은 야구뿐만 아니라 세상의 모든 일에 반드시 필요한 덕목이다. 공부도 마찬가지다. 공부를 잘하고 싶은가? 지금보다 더 좋은 성적을 얻고 싶은가? 그렇다면 단순히 '잘하고 싶다'는 막연한 바람만으로는 부족하다. 마음속 깊이 절실한 의지를 품고, 한순간 한순간 최선을 다하겠다는 확고한 자세가 있어야 한다.

스스로에게 솔직히 물어보자.

"나는 지금 내 목표를 이루기 위해 절실한 마음으로 공부하고 있는가?"

우리는 늘 1등을 차지하는 사람들을 보며, 그들이 쉽게 그 자리를 얻었다고 생각한다. 하지만 그렇지 않다. 그들은 매 순간 절실한 마음으로 공부에 임하며, 한 문제를 풀더라도 최선을 다했기에 1등을 해온 것이다.

공부에 한번만 미쳐 봐

나 역시 학창 시절부터 늘 마음에 품었던 자세는 '1등처럼 공부하자'였다. 그리고 자연스럽게 이는 '공부에 한번 미쳐 보자'로 이어졌다. 이 마음은 내가 중학교 시절 내내 1등을 도맡아 했을 때만 아니라, 대치동 학원에서 경쟁하던 때에도, 서울과학고에서 전국의 수재들과 어깨를 나란히 하며 공부할 때에도 변함이 없었다. 나의 목표는 언제나 1등이었고, 나는 항상 1등의 자세로 공부에 임하고자 했다.

그렇다고 이 책이 반드시 1등을 해야 한다고 말하는 것은 아니다. 현실적으로 모든 사람이 1등이 될 수도 없다. 수많은 사람이 시험을 보지만, 1등은 오직 한 명이다. 그 외의 사람들은 2등부터 차례대로 순위를 채운다. 하지만 1등의 자세로, 공부에 한번 미쳐 보겠다는 다짐으로 공부에 임하는 사람들은 그렇지 않은 사람들보다 원하는 결과를 더 확실하고 빠르게 얻을 수 있다. 중요한 것은 결과에 대한 집착이 아니라 과정에서의 태도와 노력이다.

사자는 작은 고양이를 사냥할 때에도 최선을 다한다. 이처럼 공부든 인생이든 자신이 목표로 하는 것을 얻기 위해서는 모든 것을 쏟아부어야 한다. 나는 이러한 사실을 수많은 경험을 통해 뼈저리게 깨달았다. 이 책을 읽는 모든 사람이 이 점을 이해하고, 목표를 향해 전심전력으로 부딪치기를 바란다. 공부에 한번 미쳐 보는 것이다.

이 책에는 내가 학창 시절부터 실천해온 공부 방법과 습관뿐만 아니라 최상위권 학생들이 실천하는 학습 플랜과 전략이 담겨 있다. 이 책은 여러분이 공부에 빠져드는 과정을 이해하고 실천할 수 있도록 돕는 로드맵이 될 것이다.

PART 1

평범한 아이에서
1등으로 가는 길

1등 서준석이 풀어봐

나는 승부욕이 강하거나 열심히 노력하지 않아도 쉽게 좋은 성적을 내는 공부에 타고난 재능이 있는 학생은 아니었다. 하지만 초등학교에 들어가면서부터 고등학교 수학 선생님이었던 어머니의 교육열과 지도에 따라 성실하게 공부했고, 학교에서 늘 좋은 성적을 받았다.

나는 요즘 유행하는 MBTI(성격유형검사)로 말하면 다른 사람들 앞에 나서기를 좋아하고 돋보이기를 바라는 E(외향적) 성향보다, 뒤편에서 조용히 앉아 있기를 좋아하고 다른 사람들이 나를 주목하면 불편하고 부끄러워하는 I(내향적) 성향이 강한 학생이었다.

하지만 처음 반에서 1등을 하고 담임 선생님이 반 아이들 앞에서 나를 1등이라고 호명하자 친구들이 박수를 쳐주던 순간 느꼈던 감정은 지금도 생생하게 기억난다. 마음속 깊은 곳에서 이전에는 느껴보지 못한 뿌듯함과 자랑스러움이 밀려왔다. 또한 지금까지 나를 대수롭지 않게 여기거나 심지어 무시하는 눈빛으로 바라봤던 친구들이 나를 부러움과 존중의 눈빛으로 바라보는 것을 느끼자 나는 속으로 이렇게 다짐했다.

'다음 시험에도 꼭 1등을 해야지.'

그것은 어린 초등학생의 나에게 매우 강렬한 동기 부여가 되었다. 어쩌면 그것이 1등을 위해 노력했던 나의 공부 인생의 시작이었다.

1등이라는 수식어

모든 아이들이 그렇겠지만 나는 유독 어린 시절 어머니의 영향을 많이 받으며 성장했다. 어머니는 교육열과 나를 향한 기대가 높으셨고 내가 초등학교에 입학하면서는 내게 늘 1등이 되기를 강조하셨다. 당시 나는 어머니가 '하늘이 빨간색'이라고 말하면, 파란 하늘도 빨갛다고 생각할 정도로 어머니의 말씀을 따랐다. 자신만의 가치관과 정서가 형성되기 전이었던 어린 시절의 나는 어머니를 기쁘게 해드리는 것이 아들로서 당연한 일이라고 생각했던 것 같다.

나는 칭찬에 반응하는 아이였다. 유치원에 다닐 때에도 나는 부모님께 칭찬을 받으면 마치 이 세상을 다 얻은 듯이 기분이 좋았다. 초등학교에 들어가서는 부모님의 칭찬뿐만 아니라 담임 선생님의 칭찬이나 친구들의 부러움을 받고 싶은 마음이 컸다. 그때부터 1등의 자리를 계속 유지하기 위해 최선을 다했다.

그렇게 초등학교 1학년 1학기 내내 100점을 받고 1등을 하자, 자연스레 주위 친구들과 담임 선생님이 나를 '우리 반 1등', '공부를 가장 잘하는 아이' 등의 명칭으로 부르기 시작했다. 그전까지는 그냥 내 이름인 '서준석'으로만 불리거나 키 순서대로 번호를 정한 9번으로 불렸던 호칭이 어느 순간 자연스럽게 '1등 일어나봐', '1등이 나와서 칠판에 문제를 풀어봐'라는 식으로 바뀐 것이다. 그렇게 나의 호칭은 나도 모르는 사이에 1등이 되기 시작했다.

초등학교 저학년 시절 어린 나이에 무언가 거창한 목표를 세우고 장기적인 계획을 세운다는 것은 사실상 어려운 일이다. 열심히 공부해서 좋은 성적을 받고, 명문 고등학교와 대학교에 진학해 흔히 말하는 좋은 직업을 얻어야겠다는 구체적인 목표를 초등학생 스스로 품고 있는 경우는 드물다. 이제갓 초등학교에 입학한 어린아이가 그런 생각을 할 가능성은 거의 없기 때문이다.

그 시절의 나 역시 다르지 않았다. 미래를 위한 큰 계획을 세우기에는 너무 어렸고, 사회가 요구하는 성공이라는 개념조차 이해하지 못하던 때였다. 하지만 그때 나에게는 그보다 훨씬 단순하고 직관적인 동기가 있었다. 그것은 바로 1등이라는 수식어가 주는 기쁨과 만족감이었다. 그것이 내게 공부를 더 잘하고 싶다는 마음을 키워주는 원동력이 되었다.

나는 뒤늦게
후회하고 싶지 않았다

공부를 잘하는 최상위권 학생과 그렇지 않은 학생의 차이는 대부분의 사람들이 생각하는 것처럼 타고난 재능이나 가정환경의 차이에 있지 않다. 어느 정도의 재능이나 환경만 갖춰진다면, 그 후에 성적을 가르는 것은 '얼마나 절실하게 공부에 임하는가' 하는 마인드의 차이라고 생각한다.

나의 경우를 돌아봐도 공부로 난다 긴다 하는 학생들이 모인 서울과학고 시절이나 서울대 의대, 치대 시절에 타고난 천재들 사이에서도 좌절하지 않고 공부에 열중하면서 어느 정도의 성적을 얻을 수 있었던 가장 큰 요인은 바로 내가 가진 절실함 때문이었다.

'공부 좀 할걸' 후회하긴 싫다

2017년 전국 성인 남녀 4천여 명을 대상으로 설문 조사를 실시했는데 '학창 시절에 공부를 충분히 하지 않은 것을 후회하나요?'라는 질문에 53% 이상이 '그렇다'라고 답변했다. 그 이유는 학창 시절에 공부를 열심히 해 좋은 성적을 받았다면, 직업을 선택하거나 진로를 정할 때 자신에게 보다 많은 기회가 주어졌을 것이라는 사실을 살아가면서 깨닫게 되기 때문일 것이다.

이 책을 읽는 여러분들은 나중에 '그때 공부를 좀 더 열심히 했다면 나에게 더 좋은 기회가 주어지지 않았을까?' '학창 시절 최선을 다해 학업에 임했다면 내 인생이 지금보다 나아지지 않았을까?' 후회하는 인생을 살지 않길 바란다. 따라서 지금 학생일 때 '나는 나중에 공부 때문에 후회하진 않겠다'라는 간절한 마음을 품어보자.

학창 시절 나 역시 그러한 마음을 품고 지냈다. 내가 지금

할 수 있는 일은 공부뿐이라는 생각이 확고했다. 시험을 볼 때마다 아는 문제를 틀리거나 1등을 놓치는 일은 절대로 있을 수 없다는 일종의 비장함 같은 것이 늘 존재했다.

내가 다른 사람에 비해 유독 공부와 성적에 대해 절실함을 가지게 된 데에는 어머니의 영향이 크다. 타고난 기질에 따라 다르겠지만 초등학생이 스스로 강한 승부욕이나 배움에 대한 열정을 가지고 있는 경우는 드물다. 나 역시 그랬다. 그런 나에게 어머니는 요즘 자주 언급되는 단어인 가스라이팅을 아주 긍정적이고 효과적인 방식으로 이행하셨다.

> "준석아, 너의 가장 큰 장점은 공부를 잘한다는 거야. 엄마가 보기에 공부보다 더 특별한 장점은 없는 것 같아. 그러니깐 네가 어른이 되어서 행복하게 살기 위해서는 공부를 열심히 해야만 해."

어머니는 이런 식의 이야기를 자주 반복적으로 하셨다. 물론 요즘의 자녀 교육 관점에서 보면, 이러한 말은 아이의 자존감을 꺾고 올바른 정서 발달을 가로막는 위험한 이야기일 수 있다는 사실을 나 역시 잘 알고 있다. 하지만 나의 경험을 통해 말하고 싶은 메시지는 어린 시절 어머니의 말씀이 내겐 공부를 잘해야겠다는 강한 동기 부여가 되었다는 것이다.

동기 부여의 방법은 부모와 자녀 간의 관계나 자녀의 성향에 따라 얼마든지 달라질 수 있다. 중요한 점은 어린 시절에는 공부를 하는 데 있어 명확한 동기 부여가 있어야 절실함으로 이어진다는 사실이다.

진짜 공부가 시작되다

나는 초등학교 1학년 때부터 내내 1등의 자리를 지키며 학교생활을 이어갔다. 성적표에 적힌 1등이라는 숫자를 볼 때마다, 선생님과 부모님께 칭찬을 받을 때마다 나는 뿌듯함을 느꼈다. 물론 그 당시에 내가 배움의 진정한 즐거움을 알았던 것은 아니었다. 오히려 어린 마음에 종종 이런 생각이 들었다. '왜 이렇게 어려운 내용들을 외워야 할까?' '이게 살아가는 데 필요하기나 한 걸까?' 특히 실제 생활과는 무관해 보이는 내용들을 공부할 때는 불만도 생기곤 했다. 하지만 그러한 감정이 들 때마다, 나는 오히려 도전하듯 공부에 몰두했다.

풀리지 않는 문제를 만나다

그러나 시간이 지나면서 나의 생각과 마인드가 점차 변화하기 시작했다. 그리고 초등학교 고학년인 4학년이 되었을 무렵, 공부를 대하는 태도에 중요한 변화가 찾아왔다. 초등학교 4학년인 어느 날이었다. 선생님이 수학 도형 단원 문제들을 숙제로 내주셨는데 문제에 어떻게 접근해야 하는지 도무지 감이 잡히지 않았다. 심지어 해답지를 봐도 이해가 되지 않았다. 이러한 경험은 처음이었다. 당장 내일까지 풀어야 했기에 나는 그날 방과 후 아이들과 늘상 하던 축구를 하지 않은 채, 방 안에 틀어박혀 3~4시간 동안 문제를 스스로 이해하기 위해 몰두했다.

처음 1~2시간에는 아무리 문제를 천천히 읽어보고 선생님이 설명하신 부분을 생각하며 필기한 노트를 봐도 제자리를 맴돌 뿐 문제의 실마리가 풀리지 않았다. '이 도형 단원의 문제는 학원에 가지 않으면 풀 수 없는 게 아닐까?' 하는 생각마저 들기 시작했다. 하지만 5번 넘게 필기 내용을 읽고 해답지의 풀이법을 한 줄 한 줄 집중하며 읽다 보니, 어느 순간 이해되지 않던 부분이 이해되기 시작했다.

그렇게 문제의 실마리가 풀리자, 10줄도 넘는 긴 문제 풀이와 필기 내용이 자연스럽게 머릿속에 들어왔고, 숙제들이 쉽게 풀리게 되었다. 이때가 처음이었을 것이다. 도저히 풀 수 없을 것 같은 문제의 벽을 스스로 깼을 때 찾아오는 쾌감과 만족감을 온전히 느낀 것이 말이다.

스스로에게 증명하라

이 시기부터 나는 단순히 칭찬받고 인정받기 위해 공부했던 때와는 달리, 나 스스로 공부에 대한 열정과 의지를 지니기 시작했다. 어려운 내용을 이해하고, 많아진 공부량을 소화하며, 스스로 문제를 풀어내는 과정에서 느껴지는 성취감은 전에 없던 강렬한 감정으로 다가왔다. 그리고 이러한 경험은 이후 나의 기나긴 공부 인생에 크나큰 밑거름이 되어주었다.

초등학교 5학년 겨울방학 무렵 나는 중학교 수학을 대비하기 위해 대치동의 유명한 수학 경시 학원에 다녔다. 이때부터는 더욱더 이러한 성취감과 자기 만족감이 내 학습 태도를 이끌어갔다. 그 누구보다 내가 나의 실력과 노력을 인정한다는

마음은 단순히 다른 사람의 기대를 충족시키는 것을 넘어서
는 만족감을 주었다. 그래서 그때부터는 어머니께서 굳이 공
부하라고 말씀하시지 않아도 자연스럽게 책상 앞에 앉았다.

영원한 실력은 없다

나는 초등학교 5학년 때부터 서울 전역에서 공부 좀 한다는 아이들이 모여드는 대치동 학원에 다녔다. 대치동은 공부 열기로 가득한 곳이었고, 그중에서도 내가 다녔던 동아학원은 특히 최상위권의 실력을 자랑하는 아이들이 모이는 곳으로 명성이 자자했다.

처음 학원에 들어갔을 때, 내 주변에는 다양한 수준의 친구들이 있었다. 나보다 실력이 부족한 듯 보이는 친구들도 있었지만, 나와는 비교할 수 없을 만큼 월등한 실력을 지닌 친구들도 많았다.

대치동 학원에서 받은 0점

초등학교 6학년 여름방학 무렵, 학원에서 우리는 처음으로 《수학 실력정석》을 교재로 수학 공부를 했다. 그때 나는 처음으로 0점이라는 충격적인 점수를 받았다. 내가 가장 잘하고 자신 있어 하던 수학에서 한 문제도 제대로 풀지 못하다니. 나는 0점이라는 점수를 앞에 두고 앞으로 수학 경시의 길을 포기해야 하나 심각하게 고민하기도 했다.

그때 나를 더 힘들게 했던 것은 나와 같은 초등학교 6학년임에도 불구하고 일부 친구들은 90점 이상의 높은 점수를 받았다는 것이다. 심지어 100점을 받은 친구도 있었다. 그들 앞에서 나는 좌절할 수밖에 없었다.

그런데 희한한 점은 그들 중에 몇몇은 중학교에 올라가자 나보다 낮은 점수를 받기 시작했다. 중학교 3학년 무렵 전국 수학 경시대회를 앞두고는 수학 경시의 길을 포기한 아이들도 여럿 있었다. 전국 수학 경시대회는 당시 함께 학원에 다닌 친구들의 최종 목표였다.

지금 와서 생각해보면 초등학생임에도 《수학 실력정석》 문제를 풀어 좋은 점수를 받을 수 있었던 것은 그들의 수리 능력이 월등히 뛰어났다거나 수학적 내공이 단단했기 때문이 아니었다. 그 이유는 요즘 소위 말하는 선행 학습의 영향이었다. 단순히 다른 학생들보다 학습 진도를 빨리 나갔기 때문에 받을 수 있던 고득점이었던 것이다.

그런데 일부 학생들은 이를 마치 자신의 평생 실력인 것처럼 착각하고 공부를 게을리하거나 난도가 높은 문제를 끈질기게 풀어내는 과정을 등한시했다. 그 결과 나를 포함하여 1~2년에 걸쳐 성실하게 노력한 학생들이 그들을 앞서기 시작한 것이다.

부족함을 아는 똑똑함

이와는 반대의 경우도 있었다. 초등학교 5학년 때, 동아학원에서 실력이 가장 우수한 아이들만 모아놓은 반에 한 친구가 최저 점수대로 겨우 들어왔다. 처음에는 수업 진도를 따라가는 것도 힘겨워 보였지만, 그는 누구보다도 열심히 또 성실하게 노력했다.

그는 이해가 안 되는 문제가 있으면 선생님뿐만 아니라 주변 친구들에게도 주저하지 않고 질문하며 모르는 부분을 이해하려고 노력했다. 그 반은 워낙 똑똑한 아이들이 모이는 곳이다 보니 다들 공부에 대한 자존심이 강했다. 따라서 선생님 외에 다른 친구들에게 문제 풀이를 물어보는 경우는 드물었다. 그러나 그 친구는 자신보다 조금이라도 수학 실력이 뛰어난 친구라면 망설이지 않고 자신의 부족함을 이야기하고 도움을 구했다. 처음에는 모두 의아했으나 그곳에 모인 친구들은 대부분 수학을 좋아하고 문제 풀이를 즐기는 이들이었기에 그의 요청에 흔쾌히 응했다.

그렇게 1달, 2달이 더해져 1년 남짓 되는 시간이 지나면서 그는 점점 실력을 키웠고, 중학교 3학년이 되었을 때 전국 수학 경시대회에서 서울과학고에 들어갈 만한 고득점을 얻을 수 있었다. 그 친구의 모습을 보며 나는 공부가 결코 현재 점수로 단정 지을 수 없는, 마라톤 같은 긴 여정이라는 사실을 깨달았다.

공부를 늦게 시작해서 지금 아무리 열심히 노력해도 성적이 오르지 않을 것이라 생각하는 학생들이 있다면, 이 점을 명심하길 바란다. 현재 자신의 실력이 다른 친구들에 비해 부족하거나 출발선 자체가 다르더라도 이를 솔직하게 인정하고 배우려는 자세를 지닌다면 수험 생활의 승패는 얼마든지 바꿀 수 있다. 나는 긴 수험 생활 과정에서 또 여러 학생들을 가르치면서 이러한 사례들을 많이 봐왔다. 성적을 올리는 첫걸음은 자신의 부족함을 인정하는 자세라는 점을 꼭 기억하길 바란다.

대치동 아이들은
무엇을 배울까?

    나는 초등학교 때부터 대치동 학원에 다닌, 흔히 말하는 '대치동 키즈'이다. 많은 사람들이 대치동 학원이나 과외를 떠올리면 월등히 뛰어난 실력을 갖춘 선생님들이 다른 곳에는 없는 공부 비책 같은 특별한 내용을 가르쳐 준다고 생각할 수 있다. 하지만 나의 경험상, 대치동 학원에서 가르치는 수업 내용 자체가 다른 지역과 큰 차별성을 가지는 것은 아니었다. 특히 요즘처럼 인터넷과 모바일 기술이 발달해 어디서든 강남 학원가의 유명 강사 강의를 온라인으로 들을 수 있는 시대에서는 더욱 그렇다.

그럼에도 불구하고, 여전히 많은 학생들이 시간을 쪼개고 높은 비용을 감수하면서 대치동 학원에 직접 가서 수업을 듣는다. 그렇다면 대치동만의 특별함은 무엇일까?

대치동 강의실의 특별한 열기

많은 학생들과 학부모들이 이구동성으로 말하는 대치동의 가장 큰 장점은 단순히 수업 내용이나 커리큘럼에 있지 않다. 그것은 바로 현장의 분위기이다.

같은 강사가 동일한 내용을 강의하더라도, 대치동 오프라인 학원 강의실의 분위기는 다른 지역 학원과는 확연히 다르다. 평소 공부를 열심히 하던 학생들도 처음 대치동 강의실에 발을 들이면 압도적인 학습 분위기에 놀라게 된다. 대치동 강의실은 학생들이 공부에 집중하는 에너지와 열정으로 가득 차 있다. 또한 학생들 간의 묵직한 경쟁심과 상호 자극은 자연스러운 상승효과를 만들어낸다. 이러한 분위기는 대치동을 경험한 학생들과 학부모들 사이에서 늘 강조되는 특징이다.

나 또한 처음 대치동 학원에 들어갔을 때, 강사의 실력이

나 수업 내용보다 더 놀라웠던 것은 그곳의 분위기였다. 학원에는 이미 뛰어난 실력을 갖춘 학생들이, 마치 반에서 꼴등을 하는 학생처럼 절실한 마음으로 수업에 임하고 있었다. 그러한 모습은 내가 이전에 다니던 동네 학원이나 집에서 혼자 공부할 때는 전혀 경험하지 못한 것이었다.

이러한 학습 분위기는 내게 강력한 동기를 부여했다. 옆자리에 앉은 나보다 훨씬 뛰어난 학생들이 내 앞에서 공부에 몰입하는 모습을 보면서, 나 또한 설렁설렁 공부할 수 없었다. 만약 내가 이곳의 학습 분위기에 적응하지 못한다면, 그들과 같은 수준으로 집중하지 않는다면, 내가 바라던 서울과학고 입학은 그저 꿈으로 끝날 것 같다는 위기감이 들었다. 그 위기감은 나를 더욱 의욕적으로, 또 집중적으로 공부에 임하게 만들었다.

우물 안 개구리에서 벗어나

대치동의 학습 분위기가 가진 힘은 나뿐만 아니라 다른 친구들의 이야기에서도 확인할 수 있다. 나보다 네 살 어린 서울대 의대 동기이자, 현재 서울대병원 신경과 교수로 있는 한 친구가 그 예다. 전라북도의 한 지역에서 공부로 이름을 날리던 그는 고등학교 2학년 겨울방학 때 서울로 올라와 대치동 학원가에서 단 두 달간 공부했다. 그때 그는 완전히 새로운 경험을 했다고 말한다.

그는 대치동의 학원 강의실에서 공부하면서 자신이 그동안 '우물 안 개구리'였음을 느꼈다. 대치동에서 마주한 압도적인 학습 분위기와 수준 높은 학생들 사이에서 그는 자신이 더욱 더 노력해야 한다는 사실을 깨달았던 것이다. 그리고 그 깨달음은 다시 집으로 돌아가 공부에 더욱 매진하도록 만들었고, 결국 그는 서울대 의대에 합격했다.

이처럼 대치동의 강의실이 지닌 독특한 긴장감과 분위기는 학생들이 스스로 자신의 가능성을 한계까지 끌어올리도록 만들어 준다. 이러한 이유로, 온라인 강의가 광범위하게 퍼진 오늘날에도 대치동 오프라인 학원의 인기가 식지 않는 것이다.

공부의 산을 넘다

나에게는 서울과학고에 다니던 시절이나 서울대 의대 재학 시절보다 중학교 1학년 때가 학업적으로 가장 힘들고 괴로운 시간이었다. 어린 나이에 과도한 학업 스트레스를 받으며 원형탈모증이 생기기도 했고, 심지어 공황장애까지 겪었을 정도였다. 중학교에 올라가 처음으로 치렀던 중간고사에서 나는 꼭 전교 1등을 해야 한다는 강한 압박감에 휩싸여 있었다. 시작이 반이라고 처음으로 치러지는 1학년 1학기 중간고사의 성적이 마치 나의 중학교 3년간의 성적을 결정할 것만 같았기 때문이다. 그래서 초등학교 때처럼 교과서 전체를 한 글자도 놓치지 않고 완벽하게 이해하고 암기하려고 노력했다.

하지만 중학교는 초등학교와는 달랐다. 우선 과목 수가 초등학교 때의 2배에 가까운 10여 개의 과목이었고, 암기의 양은 거의 3~4배 이상 많았다. 또한 낯선 교실과 친구들, 선생님들까지 새로운 환경에 적응하기에도 바빴다. 그런 와중에 공부량까지 3~4배 늘리는 것이 불가능해 보였다. 초등학교 때는 중간고사 2주 전이면 이미 대부분의 과목을 한 번씩은 완벽하게 끝내고 여유 있게 반복했지만, 중학교 때는 절반의 과목밖에 끝내지 못했다.

초등학교 때와는 비교도 되지 않는 불안감과 압박감에 하루는 엄마 앞에서 힘들다며 울었던 적도 있다. 그전까지는 한 번도 없던 일이었다.

"엄마, 나 이번 중간고사에서 도저히 1등을 할 자신이 없어. 아직 공부를 반밖에 못 했고, 처음 보는 내용도 너무 많아서 1등은커녕 전교 5등 안에 들기도 힘들 거 같아. 나 어떻게 해야 하지? 이러다가 중학교 내내 1등을 한 번도 못 하는 거 아닐까?"

그러자 어머니는 이렇게 대답해주었다.

"초등학교 6년 동안 누구보다도 열심히 공부해서 한 번도 1등을 놓치지 않았던 네가 이렇게 힘들다면, 1학년 학생들 560명은 너보다 훨씬 더 힘들 거야. 시험 성적은 절대평가가 아니라 상대평가라서 꼭 초등학교 때처럼 만점을 받지 않아도 돼. 네가 90점밖에 받지 못해도 90점 이상을 받은 사람이 너밖에 없으면 네가 1등이 되는 거야. 그러니까 100점을 목표로 초등학교 때처럼 완벽하게 공부하려 하지 말고, 힘을 좀 빼고 하는 데까지만 최선을 다하렴. 그럼 결과는 분명히 따라올 거야."

중학교라는 산

이처럼 초등학교에서 중학교로 진학하는 과정은 누구에게나 쉽지 않은 여정이다. 초등학교보다 훨씬 많아진 과목 수와 학업량, 새로운 환경에서 적응해야 한다는 부담감은 그 시기 학생들에게 큰 도전이다. 특히 나의 경우는 중학교에서도 계속 전교 1등을 해야 한다는 압박이 큰 스트레스로 다가왔다. 고등학교에 올라갔을 때나 뒤늦게 공부를 시작한 학생들 중에도 비슷한 감정을 느낀 경험이 있을 것이다.

다행히도 나는 당시 어머니의 조언에 힘을 얻었을 뿐 아니라 초등학교 시절부터 쌓아온 공부 경험과 습관 덕분에 당시의 어려움을 극복할 수 있었다. 그때 나는 단기 목표와 장기 목표를 명확히 세우고, 그것을 달성하기 위해 매일의 일과를 철저히 관리했다. 짧게는 일주일, 길게는 한 달의 공부량을 계획하고, 매일 꾸준히 정해진 공부 시간을 확보해 목표를 하나씩 이루어 나갔다.

흥미롭게도, 이 과정에서 내 목표는 단순히 경쟁자를 이기거나 1등을 하는 것이 아니었다. 내가 스스로 세운 목표를 하루하루 성실하게 달성해 나가는 것이 더 강력한 동기가 되었다. 그렇게 한 발 한 발 노력하다 보니, 중학교 1학기 중간고사에서 전교 1등이라는 결과를 얻게 되었다.

이것은 나에게 단순한 숫자 이상의 의미를 가졌다. 내가 힘들고 괴로운 과정을 견뎌내며 쌓은 노력과 집중력이 중학교라는 새로운 환경에서도 통한다는 확신을 준 것이다.

그다음은 더 쉽다

이 경험은 이후 과학고에 진학하고, 서울대 의대와 치대에 진학해 전국의 수재들과 경쟁할 때도 나를 지탱해 주었다. 나보다 더 뛰어난 수학과 과학 천재들, 암기의 달인들과 경쟁해야 하는 상황에서도 나는 나 자신에 대한 믿음을 가지고 공부에 집중할 수 있었다.

누구나 인생에서 공부라는 산에 부딪힌 경험이 있을 것이다. 그것은 초등학생에서 중학생이 될 때일 수도 있고, 고등학교에 진학할 때일 수도 있다. 또 성인이 된 후 새로운 도전을 시작할 때 찾아올 수도 있다. 중요한 것은 그러한 산을 가급적 일찍 마주하고 넘어보는 경험을 쌓는 것이다. 그것은 책이나 강의를 통해 얻는 간접 경험이 줄 수 없는 강력한 힘을 제공한다.

비록 처음에는 그 과정이 맨땅에 헤딩처럼 느껴질 수 있고, 또 나의 경우보다 더 많은 시간이 필요할 수도 있다. 하지만 한 번 그 벽을 뛰어넘은 사람은 어떤 공부의 벽에 부딪히더라도 능히 넘어설 수 있다.

나의 공부 로드맵

　나는 어머니의 높은 교육열과 지도로 초등학교 1학년 때부터 공부하는 습관을 들여 초등학교, 중학교, 고등학교 12년간 성실하게 체계적인 공부 로드맵을 걸었다. 하지만 지나서 생각해보면 사실 초등학교 저학년 3년간은 친구들과 친해지고 운동 등을 통해 사회성을 기르는 데 더 시간을 쏟는 것이 균형 잡힌 성장을 위해 더 바람직하다는 생각이 든다. 나 역시 이때 학교에서 배운 수영과 스케이트, 스키 등의 활동이 이후 공부 체력을 기르는 데 큰 도움이 되었고, 성인이 되어서도 체력을 유지하는 데 도움이 되고 있다. 또한 초등학교 저학년 시기에는 공부를 해야 하는 내용도 상대적으로 적기 때문에 하루 가운데 공부가 차지하는 비중이 크지 않아도 된다고 생각한다.

본격적인 공부의 시작

초등학교 4학년 무렵부터는 본격적으로 국어, 영어, 수학 등의 공부를 시작할 것을 권한다. 서울과학고와 서울대 의대, 치대, 공대를 간 친구들 가운데 중학교 1, 2학년 심지어 고등학교 1학년 때 비로소 정신을 차리고 열심히 공부해서 성적을 올린 친구들도 있지만, 나를 포함해 대부분의 학생들은 적어도 초등학교 고학년 때부터 꾸준하게 장기적인 로드맵을 세우고 공부를 해온 학생들이었다.

선행 학습을 꼭 몇 년씩 할 필요는 없다. 초등학교 시기에는 해당 학년에 배워야 할 과목을 충실히 따라가는 것에 더 중점을 둬야 한다. 이때는 공부의 양과 질이 문제가 아니라, 엉덩이를 책상 의자에 붙이고 앉아서 집중력 있게 또 성실하게 공부하는 소위 말하는 공부 습관을 들이는 것이 가장 중요하다. 공부의 질과 양을 신경 쓰는 시기는 초등학교 6학년부터 시작해도 충분하다는 것이 나의 생각이다.

중학교 입학을 1년 앞둔 초등학교 6학년 무렵부터는 실력에 따라 수학이나 영어, 과학 등은 1,2년 정도 과목별로 선행 학습을 하면서 그 학년의 심화 학습 역시 충분히 챙길 것을 권한다. 특히 수학과 영어는 심화 학습이 곧 선행 학습이 되기 때문에 깊이 없이 무작정 중학교 과정을 수박 겉핥기식으로 빠르게 배우는 것은 경계하고 지양해야 한다.

반복하여 강조하지만 중요한 것은 가능한 한 빨리 스스로 공부 습관을 들이는 것이다. 아무리 훌륭한 강의를 듣고 좋은 교재로 공부를 해도 어느 정도의 시행착오를 겪지 않으면, 절대 본인만의 공부 습관을 완성할 수 없다. 어느 상황에서 자신이 가장 집중해서 공부할 수 있는지, 과목별로 자신에게 가장 잘 맞는 공부법은 어떤 것인지, 이런 것들을 가급적 초등학교 고학년, 늦어도 중학교 2,3학년 무렵까지 긴 공부 시간과 여러 시도를 통해 확립해놓는 것이 중요하다.

고등학교 입학 전에 할 일

　단순히 지금 학교 내신 성적이 잘 나온다고, 또는 고등학교 과정까지 선행 학습을 미리 해놓았다고 가장 중요한 시기라고 할 수 있는 고등학교 때 내신 성적과 수능 성적이 잘 나올 것이라고 생각하면 안 된다. 내신 성적이든 수능 성적이든 최상위권에 있는 고등학생들은 대부분 이미 고등학교 입학 전에 자신만의 공부 습관을 완성해서 스스로 공부하는 법을 정확히 알고 있는 경우다. 그러한 공부 습관을 기르면서 적당한 심화 학습과 선행 학습을 해두는 것이 최상위권이 되기 위해 중학생 때 해야 할 공부 목표라고 할 수 있다.

　이 단계를 잘 마무리하고 고등학교에 진학하면 그다음에는 오히려 공부하기가 쉬워진다. 이제 남은 것은 끝까지 지치지 않고 고등학교 3학년 입시 때까지 성실하게 공부하는 것밖에 없다.

　의외로 사람들이 매일매일 하루도 빠짐없이 성실하게 공부하는 것을 쉽게 생각한다. 이미 아는 내용도 꼼꼼하게 반복적으로 공부하는 것은, 어찌 보면 가장 어려운 수학 문제를 푸는 것보다 더 힘든 과정일 수도 있다. 따라서 초등학교, 중학교 시절을 로드맵대로 잘 걸어왔더라도, 고등학교 시절의 성실성과 꾸준함의 중요성을 간과하지 않기를 바란다.

모든 일에는 시작이 중요하다. 하지만 결국 승패를 결정짓는 건 마지막 마무리인 것이다. 이처럼 기나긴 공부의 마무리는 고등학교 3년의 시간으로 이루어진다. 그리고 그때 가장 필요한 것은 타고난 재능이나 사고력이 아니라 그동안의 로드맵을 따라오면서 몸에 밴 성실성이라는 것을 잊지 말아야 한다.

공부에 미치다 :
실패 없는
'진짜 공부' 습관

노하우는 엉덩이에서 나온다

초등학교 시절 나는 예습은 거의 하지 못했다. 예습보다는 복습을 철저하게 반복적으로 했다. 내가 초등학생이던 시절에도 1~2년 정도 수학 등의 과목을 선행 학습하는 아이들이 있었다. 나는 사립 초등학교인 경복초등학교에 다녔는데, 같은 학년의 오성환이라는 친구는 무려 5년 이상 선행 학습을 해서 초등학교 때 고등학교 수준의 수학을 공부하기도 했다. 하지만 나의 경우는 초등학교 입학 전에 겨우 구구단이나 한글을 익힌 것이 전부였다.

초등학교 시절에는 어느 정도 나만의 공부법이 자리 잡았던 중고등학교 시절보다 같은 분량을 소화하는 데에 몇 배의 시간이 더 필요했다. 예를 들어, 한국사 교과서 10페이지 정도를 암기하기 위해 중고등학교 시절에는 1~2시간 정도의 공부 시간이 필요했다. 반면에 초등학교 때는 같은 분량을 외우는 데 거의 10시간을 투자해야 했다. 그때는 아직 공부 방법이 체계적으로 잡혀 있지 않았고 나만의 암기 노하우도 없었기에 무조건 시간을 들이는 방식으로 부족한 효율성을 메우려 했다.

당시 나는 책이 너덜너덜해질 때까지 형광펜으로 밑줄을 긋고, 내용을 읽고 또 읽었다. 그런 과정을 반복해야 겨우 10페이지의 내용을 머릿속에 넣을 수 있었다.

나의 엉덩이 공부법

초등학교 시기에 배우는 교과서 내용은 지금 생각해보면 그렇게 어렵거나 방대한 수준이 아니었다. 하지만 그때의 나는 한두 시간의 노력으로는 만족할 수 없었다. 10시간이든 그 이상이든 얼마의 시간을 들여서라도 시험 범위의 내용을 완벽하게 끝내야 한다는 마음가짐이었다. 그렇게 해서 만점에 가까운 점수를 받고, 1등의 자리를 지키고자 했다.

그 시절의 노력은 비록 비효율적이었을지 몰라도 나에게 지속성과 끈기를 가르쳐 주었다. 이 과정에서 나는 '엉덩이 공부법'이라고 불리는 공부 습관을 완성했다. 엉덩이 공부법은 단순하지만 강력한 원칙이다. 책상 앞에 앉아 있는 시간을 늘리고, 그 시간 동안 최대한 집중을 유지하는 것, 그것이 내가 학습 능력을 점차 키울 수 있었던 가장 중요한 공부 습관이었다.

물론 처음부터 이렇게 엉덩이를 붙이고 책상 앞에 오랜 시간 앉아 있는 것이 쉽지는 않다. 나의 경우에도 마찬가지였다. 그래서 나는 점점 책상 앞에 있는 시간을 늘려갔다. 예를 들어 첫 한 달간은 한 번 책상 앞에 엉덩이를 붙이고 앉으면 최소한 3시간은 앉아 있기 위해 모든 방법을 동원했다. 그 시간 동안 공부에 온전히 집중할 수 있다면 좋겠지만, 처음부터 그렇게 하는 것은 어렵다. 그래서 나는 내가 좋아하는 만화책을 서너 권 책상 앞에 놓고 집중력이 흐트러지거나 의자에서 일어나고 싶을 때 읽었다. 그런 다음 다시 공부에 집중할 의지가 생기면 책을 보기 시작했다. 이렇게 차츰차츰 공부 시간을 늘려갔는데, 1학기 정도가 지나면서는 한번 의자에 앉으면 화장실에 다녀오거나 식사할 때를 제외하곤 엉덩이를 떼지 않고 공부에 집중할 수 있게 되었다.

유튜브를 시작한 이후 내가 가장 많이 받는 질문 중 하나가 공부 노하우에 관한 것이다. 이 책에서도 설명하고 있지만, 분명히 나에게 도움이 된 공부법과 공부 전략들이 있다. 하지만 앞서서 가장 먼저 갖춰야 할 점은 얼마나 오랫동안 책상 의자에 엉덩이를 붙이고 공부에 집중할 수 있는 훈련을 했느냐는 것이다.

초기에 이 엉덩이 공부 습관만 잘 완성해 놓으면 이후에 엄청난 공부 위력이 발휘될 수 있다. 꾸준히 공부를 하다 보면 자연스럽게 자기만의 공부 노하우가 생기기 마련이다. 한자리에서 오랜 시간 집중할 수 있는 공부 습관에 잘 정리된 공부법까지 더해진다면 그 시너지 효과는 엄청난 성적 상승으로 이어질 것이다.

아침 1시간의 힘

뻔한 이야기처럼 들릴 수 있지만, 꾸준함은 긴 수험 생활을 이겨내는 데 있어 가장 중요한 요소이다. 누구나 한두 주, 혹은 한두 달 동안은 힘들지 않게 집중력을 유지하며 공부를 이어갈 수 있다. 그러나 반년, 혹은 일 년이라는 긴 시간을 매일같이 꾸준히 공부하는 것은 완전히 다른 차원의 문제이다. 이 긴 여정 속에서 수험생은 다양한 어려움을 마주하게 된다.

삶은 결코 평탄한 길로만 이루어져 있지 않다. 때로는 예상치 못한 상황이 발생하고, 몸이 아프거나, 가정에 문제가 생기기도 한다. 이 모든 요인은 공부의 흐름을 방해할 가능성이 크다. 하지만 중요한 것은 어떤 상황에서도 흔들리지 않는 자세이다. 정말로 피치 못할 상황이 아니라면 일단 책을 펴자. 무슨 일이 있더라도 공부에 한번 미쳐 보겠다는 자세야말로 성공적인 수험 생활을 만들어 나가는 기본 토대가 된다. 이러한 마음가짐들이 결국 흔들리지 않는 최상위권의 성적을 가능하게 한다.

딱 1시간만 일찍

나는 이러한 꾸준함의 중요성을 어릴 적부터 경험했다. 초등학교 시절, 나는 매일 아침 1시간 동안 집에서 공부한 후 등교했다. 7시에 일어나면 8시까지 충분히 학교에 갈 수 있었지만, 나는 일부러 6시에 일어나 아침에 공부할 시간을 만들었다. 당시에는 단순히 조금 더 공부하고 싶다는 생각에서 시작한 습관이었지만, 시간이 지나면서 이 아침 공부가 내게 얼마나 큰 효과를 가져다주는지 체감했다.

이러한 아침 공부는 중학교 때도 이어졌다. 나는 그때도 6시에 일어났다. 가장 먼저 가볍게 찬물로 세수를 하고 잠을 완전히 깨운 후, 물 한 잔을 마시고 책상 앞에 앉았다. 그런 다음 전날 공부했던 내용 가운데 어려웠던 부분을 보기 시작했다. 주로 암기 과목을 복습했는데, 전날 아무리 열심히 공부해도 잊어버리는 내용이 많았기 때문이다.

일반적으로 6시간 이상 잠을 잔 후에는, 전날 한 공부량의 상당 부분이 장기 기억으로 대뇌 속에 저장되어, 소위 말하는 두뇌의 공부 용량이 다시 리셋된 시기이다. 따라서 하루 종일 학교 생활과 학원 강의 등으로 두뇌 용량이 어느 정도 찬 오후보다 아침에 암기를 하는 것이 더 효율적이었다. 이처럼 아침 공부는 단순히 학습 시간을 확보하는 것을 넘어 학습의 질을 향상시켰다.

아침 공부가 끝나면 바로 샤워를 한 후 아침 식사를 했다. 좋지 않은 습관이었지만 아침은 보통 시리얼이나 빵을 먹었다. 어느 정도 당분만 보충했는데, 당분이 없으면 대뇌 활동이 활발해질 수 없기 때문이다. 그런 다음 학교로 향하는 것이 나의 아침 루틴이었다.

시험 기간에는 아침 공부 시간을 좀 더 앞당기기 위해 새벽 5시에 일어났다. 물론 이때에도 6시간 이상은 잠을 자기 위해 전날 오후 11시 이전에는 잠자리에 들었다. 개인마다 차이가 있지만 의학적으로도 경험적으로도 최소 수면 시간은 6~8시간이 적당하다. 이 수면 시간을 줄이고 공부하는 것은 오히려 역효과가 날 수 있다. 나는 5시부터 7시까지 2시간 동안 시험 보는 과목들 가운데 어렵고 중요한 내용을 빠른 속도로 복습한 뒤 학교로 향했다.

이 작은 습관은 시간이 지날수록 놀라운 성과를 가져다주었다. 매일 아침 1시간씩 쌓인 공부 시간이 일주일이면 5시간, 한 달이면 21~22시간에 달했다. 이를 1년 단위로 환산해보면 약 260시간이라는 엄청난 학습량이 된다. 중학교 시절부터 고등학교 3년 동안 평일에만 하루 1시간씩 더 공부했다고 가정하면, 총 학습 시간은 약 1,560시간에 이른다. 이 시간은 분명 큰 차이를 만들어냈다. 하루하루의 작은 노력이 쌓여 얼마나 큰 변화를 만들어낼 수 있는지 스스로 한번 증명해보기 바란다.

혼자서 하는 복습 시간

예습보다 중요한 것은 학교 수업이나 학원 수업을 듣고 나서 혼자서 하는 복습의 시간이다. 흔히 1시간 학원 강의나 과외를 받으면, 1시간 수업 내용이 바로 자신의 것이 되어 실력 향상으로 연결된다고 생각하는데 이는 크나큰 착각이다.

유명 학원의 강의일수록 정해진 짧은 시간 동안 많은 범위의 내용을 밀도 있게 다루고 거기에 난도 높은 내용들까지 전하는 경우가 많다. 학생들에게 최대한 효율적으로 전달하기 위해서이다. 이때 강의를 듣는 대부분의 학생들은 자신이 마치 이 내용들을 다 이해하고 있다는 착각에 빠지곤 한다. 실력 좋은 강사들이 뛰어난 화술과 강의 테크닉으로 그렇게 느끼도록 이끌기 때문이다. 하지만 강사가 아무리 쉽게 잘 설명해도 그 내용을 온전히 다 소화하는 것은 어려운 일이다. 그렇기 때문에 집으로 돌아와 불과 몇 시간 전에 아니면 며칠 전에 들었던 강의 내용을 다시 되새겨보면, 강의를 들을 때와는 달리 이해되지 않는 부분이 많다. 심지어 직관적으로 쉽게 이해가 됐던 부분들도 잘 모르겠는 경우가 있다.

1시간 강의에 필요한 복습 시간은?

이러한 난관을 뛰어넘기 위해 필요한 것은 강의 내용에 대해 혼자 복습하는 일이다. 이는 수많은 학원 경험을 통해 내가 내린 결론이다. 강의에 따라서는 1시간 강의 내용을 완벽히 자신의 것으로 만들기 위해 5~10시간의 자습이 필요한 경우도 있다.

이때 완벽히 자신의 것으로 만든다는 것은, 다른 사람이 그 강의 내용 중 일부분에 대해 묻거나 특정 문제에 대해 불쑥 질문을 하더라도 1초의 망설임도 없이 바로 설명을 할 수 있는 수준에 이르는 것을 말한다. 많은 학생들이 강의 시간에 들었던 개념을 설명할 수 있거나 관련 문제를 풀 수만 있다면, 시간이 오래 걸렸어도 강의를 잘 소화한 것이라 생각한다. 하지만 우리가 마주하는 내신 시험이나 수능 시험의 문제는 보통 길어야 5초에서 10초 안에 개념이나 정답의 실마리가 떠올라야 풀 수 있다. 따라서 1~2초 만에 강의 내용이 완벽하게 떠오르지 않는다면, 아직은 지루하더라도 복습이 꼭 필요한 때라는 사실을 명심했으면 한다.

복습의 3단계

예를 들어, 물리학에서 빛과 파장의 개념에 대해 2시간의 강의를 들었다고 하자. 빛과 파장 단원은 그 개념을 이해하는 데까지 꽤 오랜 시간이 걸린다. 일반적으로 눈에 보이는 일정 질량을 가진 물체에 대한 개념 설명을 듣고 문제를 푸는 것과는 달리, 빛과 파장은 구체적으로 눈앞에 존재하지 않는 추상적인 물체에 대해 물리 법칙을 적용하고, 이에 대한 문제를 푸는 단원이기 때문이다. 따라서 아무리 유명 강사의 강의더라도, 들으면서 바로 직관적으로 그 내용을 100% 이해하는 것은 쉽지 않다. 심지어 강의를 들을 때는 이해했다고 하더라도 집에 와서 책을 다시 펼치는 순간 머릿속이 백지가 되는 경우도 있다.

나 역시 마찬가지였다. 그래서 나는 2시간 남짓 되는 강의 내용을 완벽하게 이해하기 위해 거의 10시간을 혼자서 복습했다. 하루 종일 그 부분만 한 것이다. 그렇게 복습을 하자 그제야 어느 부분을 보더라도 어떤 내용인지, 왜 이러한 물리 법칙이 나오는지에 대해 이해가 되고 설명할 수 있었다.

하지만 그렇다고 해서 복습이 완벽하게 끝난 것은 절대 아니다. 진짜 완벽한 복습은 빛과 파장 단원에 대해 나오는 실전 물리학 문제들을 막힘없이 바로 풀 수 있는 단계까지다. 나는 며칠 뒤 숙제로 내주었던 문제들을 풀어보기 시작했다. 개념 공부를 완벽하게 했다고 문제가 수월하게 풀리는 것은 아니다. 이는 수학과 물리학 같은 과목뿐만 아니라 한국사나 한국지리 같은 암기가 중요한 과목에서도 마찬가지이다. 개념을 완벽히 공부했더라도, 그러한 개념들이 구체적으로 적용되는 문제 풀이는 조금 다른 영역이기 때문이다.

복습의 3단계

따라서 빛과 파장이라는 단원에 대해 실전 기출 문제나 관련 연습 문제를 풀 때는 처음부터 정답을 완벽하게 맞힐 것이라고 기대하지 않고, 내가 공부한 개념들이 실전 문제에 어떤 식으로 적용되는지를 확인한다는 의미에서 접근할 필요가 있다. 즉, 문제와 보기를 철저하게 분석해서 중요한 개념과 출제 가능성이 높은 부분들을 파악해두는 것이다.

그런 다음 문제를 풀면서 중요하다고 생각했거나 심지어 헷갈렸던 내용들을 복습하기 위해 다시 한 번 빛과 파장 단원의 중요 개념들을 체크하는 시간을 가진다. 두 번째 복습을 하는 것이다.

단순히 강의나 강의록, 자습서의 내용을 완벽하게 외우고 이해하는 것으로는 충분하지 않다. 실전에서 문제의 정답을 정확하게 고르기 위해서는 반드시 '개념의 이해 및 복습 ⇨ 실전 문제 풀이 ⇨ 다시 개념 복습'의 과정을 거쳐야 한다. 그럴 때만이 대부분의 학생들이 어려워하는 난도 높은 단원도 100% 내 것으로 만들 수 있다.

　진짜 실력이 향상되는 것은 유명 학원에 가서 뛰어난 강사의 강의를 듣는다고 저절로 이루어지는 게 아니다. 혼자서 그 강의 내용을 반복해서 익히고 이해하는 시간이 반드시 필요하다. 이 시간이야말로 쉽게 무너지지 않는, 탄탄한 실력 향상의 기초를 닦는 시간임을 깨닫고 건물의 맨 밑층 지반 공사를 하듯이 많은 시간과 노력을 기울여야 한다.

나만의 보상을 만들라

내가 인생에서 가장 치열하게 열심히 공부했던 시기를 꼽으라면 고등학교 3학년 시절도 아니고 대학교 4학년 때 다시 수능을 공부하던 시기도 아닌 바로 중학교 3학년 때이다. 그때 나는 정말 잠자고 먹는 시간을 제외하고는 모두 공부하는 데에 시간을 쏟아부었다.

이때의 나의 공부 시간표는 아래와 같다.

6:00	기상
6:00~7:00	아침 공부

7:00~8:00	아침 식사 및 등교
8:00~17:00	학교 생활
17:00~19:00	하교 및 저녁 식사
19:00~23:00	학원
23:00~24:00	취침

이러한 스케줄이 주중 5일간 계속되었다. 토요일은 학교 수업이 12시에 끝나기 때문에 집에 와서 점심을 먹고 학원에 2~3시까지 가서 역시나 밤 11시까지 학원 강의를 들었다. 토요일이나 일요일에는 학교 수업이 적거나 없기 때문에 상대적으로 더 많은 시간을 학원 강의를 듣거나 자습하는 데 쏟을 수 있었다. 나는 강의가 없을 때에도 학원에 있는 자습실에 혼자 공부를 했다. 여름방학이나 겨울방학에는 하루 종일 학원에 머물면서 선행 학습과 심화 학습을 했는데, 빨리 방학이 끝나서 학교에 가고 싶다고 생각할 만큼 혹독하게 공부에 몰두했다.

나만의 동기 부여 리스트

　이러한 힘든 시절을 이겨내게 해주었던 강력한 원동력 중 하나는 그동안 공부해오면서 내가 포기한 것들에 대한 내일의 보상이었다. 보상 심리는 공부와 같이 지속적인 노력과 집중이 요구되는 일에 중요한 원동력이 된다. 물론 공부하는 것 자체에서 재미와 의미를 찾을 수 있다. 하지만 사람은 누구나 지치기 마련이다. 특히 장기간의 입시 레이스와 같은 상황에서는 힘들고 어려운 순간이 반드시 찾아온다.

　이러할 때는 공부를 잠시 멈추고, 자신만의 동기 부여 리스트를 작성해보자. 리스트에는 지금 공부하는 이유와 그로 인해 얻을 수 있는 보상을 구체적으로 적어본다. 예를 들어, '좋은 성적을 받으면 원하는 대학에 진학할 수 있다' '시험이 끝나면 오래도록 꿈꿔왔던 새로운 취미를 시작할 수 있다'는 식으로 말이다. 그러고 나면 자신이 쏟아부은 노력이 반드시 결실로 나타나길 바라는 마음이 더욱 간절해질 것이다.

　부모님이나 선생님, 친구 등 다른 사람들에게 칭찬받고 인정받고 싶다는 마음에서 비롯된 동기 부여도 강력한 힘이 될 수 있다. 주위에서 인정을 받는 순간, 우리 뇌에서는 도파민이라는 신경전달물질이 분비된다. 도파민은 긍정적인 기분을 느끼게 하고, 더 나아가 다음 단계로 나아갈 수 있는 동기를 부여한다.

그러나 내가 오랫동안 공부를 하며 깨달은 중요한 사실 중 하나는, 진정한 차이를 만드는 원동력은 바로 자기 스스로 만든 동기 부여에서 나온다는 것이다. 특히 상위권으로 갈수록 순위를 가르는 결정적 차이는 외부적인 인정이 아닌 내면에서 우러나오는 의지에서 비롯된다. 이러한 동기야말로 남들이 하지 않는 자발적인 열심으로 이어지기 때문이다.

디테일에 미쳐라

공부뿐만 아니라 모든 분야에서 승부의 마지막을 가르는 것은 디테일이다. 교과서 내용의 90%를 완벽히 외웠더라도, 마지막 10%의 구석진 내용을 얼마나 살피고 외웠는지에 따라 1등과 2등의 차이가 결정된다.

예를 들어, 한국사 교과서에 나오는 1894년의 갑오개혁을 떠올려 보자. 많은 학생들이 갑오개혁의 주요 내용과 의의에 대해서는 공부하지만 이어지는 1895년 을미개혁과의 연계성에 대해서는 잘 살펴보지 않는다. 교과서 끝부분에 적힌 단 몇 줄의 내용을 외우지 않고 지나치는 것이다. 하지만 이 몇 줄에는 토지 제도 개혁, 신분 제도 변화 등 중요한 연결 고리가 담겨 있다. 그리고 시험에는 바로 이러한 디테일한 부분이 출제되곤 한다.

지구 과학에서 표준 화석을 공부할 때도 마찬가지다. 표준 화석은 지층의 지질 시대를 결정하는 데에 표준이 되는 화석으로, 우리는 공부할 때 각 시대의 표준 화석들을 암기해야 한다.

선캄브리아기: 스트로마톨라이트, 콜레니아
고생대: 삼엽충, 완족류, 필석류, 갑주어, 푸줄리나(방추충)
중생대: 공룡, 암모나이트, 시조새
신생대: 화폐석, 매머드, 포유류

시대별로 표준 화석의 종류는 적게는 2개부터 많게는 5개까지 있고, 모두 합하면 15개가 넘는다. 하지만 대부분의 학생들은 시간이 없다는 이유로 시대별로 시험에 자주 출제되는 화석 2개 정도만 외우는 경우가 많다. 고생대의 경우라면 삼엽충이나 갑주어만 외우는 것이다. 하지만 드물더라도 푸줄리나가 고생대의 표준 화석의 보기로 나오는 시험이 있다. 모든 표준 화석을 정확히 알고 있어야 최상위권의 점수를 획득할 수 있다는 것이다.

이처럼 시험에 출제될 가능성이 적다고 판단해 넘어가기보다는, 공부는 빈틈없이 완벽해야 한다는 마음가짐을 지니길 바란다. 결국, 이러한 디테일한 학습이 누적되면서 시험장에서 남들과의 차이를 만들어낸다.

태도의 디테일

디테일함은 단순히 학습 내용에만 국한되지 않는다. 그것은 공부에 임하는 자세와 태도 전반에 적용된다. 중요한 시험을 앞두고 있다면 최상의 컨디션을 유지하기 위해 식사, 체력 관리, 수면 등 모든 요소를 꼼꼼히 점검해야 한다. 예를 들어, 나는 내신 시험이나 수능 같은 중요한 시험 기간에는 배탈이나 장염의 위험성을 줄이기 위해 소화에 부담이 없는 동일한 메뉴를 정해진 시간에 먹었다. 이러한 작은 디테일은 시험 준비 기간 동안 안정적인 컨디션을 유지하는 데 크게 도움이 된다.

또한 체력 관리를 위해 매일 1시간 정도 시간을 내어 꾸준히 운동을 했다. 나는 야구, 농구, 축구 등 운동을 보는 것도, 하는 것도 좋아한다. 초등학교 때는 점심시간에 30분 동안 친구들과 운동장에 나가서 땀 흘리면서 축구나 피구를 했다. 중학교 때는 상대적으로 공부 시간이 많아서 매일 운동을 할 수 없었지만, 가끔 학원 강의가 없는 시간에 친구들과 1~2시간 근처 농구 코트에서 땀을 흘리곤 했다. 고등학교 때는 학교에 시설 좋은 농구 코트가 있어서 시간을 쪼개서 농구를 하곤 했다.

디테일한 관리는 똑같은 재능과 노력을 지닌 두 수험생의 결과를 가르는 변수가 될 수 있다. 유명 운동선수들이 경기 전날 징크스 때문에 속옷 색깔이나 식사 메뉴까지 조정하는 것도 같은 이유다. 그들은 단순히 실력만으로 승부하지 않는다. 최상의 컨디션과 마인드를 유지하기 위해 사소한 부분까지 철저히 신경 쓴다. 공부든 운동이든, 디테일을 챙기려는 이 작은 습관이 결정적인 차이를 만들어내는 것이다.

내가 진짜 집중하는 시간은 얼마일까?

'하루에 몇 시간을 공부해야 하나요?'

'하루에 몇 시간만 자야 될까요?'

내가 유튜브를 통해 공부 관련 질문을 받거나, 여러 강연에 초대받아 갔을 때 수험생들에게 가장 많이 받는 질문이다. 우리 부모님 세대가 수험생일 시절에는 사당오락(四當五落)이라는 말이 있었다. 하루 네 시간 자면서 공부하면 대학 입학에 성공하고 다섯 시간 이상 자면 실패함을 이르는 말이다. 이처럼 자는 시간을 아껴가면서 하루에 최대한 많은 시간을 의자에 엉덩이 붙이고 앉아서 공부해야 한다는 인식이 오늘날의 수험생들에게도 강하게 퍼져 있는 듯하다.

이러한 질문에 대한 나의 대답은 늘 한결같다. 하루에 몇 시간을 자고, 몇 시간을 공부하는지보다 공부의 승패에 더 중요한 것은 얼마나 집중하여 공부했는지이다. 단 1시간을 공부하더라도 집중한 상태로 공부한다면 집중하지 않고 앉아 있는 10시간보다 더 많은 학습량과 학습 효율을 가져올 수 있음을 나는 여러 차례의 수험 생활을 통해 경험했다.

천재들의 미친 집중력

집중력의 중요성을 나는 의대와 치대에 다니면서도 확인할 수 있었다. 의대와 치대에서 보는 시험 과목의 대부분은 암기 과목이다. 무조건 여러 번 보고 많이 외우는 게 중요한 시험인 셈이다. 이때에도 좋은 성적을 내는 상위권 학생들은 가장 오래 공부하는 학생이 아니라 가장 집중해서 공부한 학생이었다.

서울과학고에서도 마찬가지였다. 서울 시내 중학교에서 전교 1,2등만 모인 서울과학고 학생들은 많은 사람들이 생각하는 것처럼 하루 종일 공부만 하지 않는다. 게임도 하고, 좋아하는 운동이나 취미 생활도 하며, 동아리 활동을 하는 시간도 많다.

그럼에도 불구하고 대부분의 서울과학고 학생들은 고등학교 3년 내내, 여전히 전국 최상위권의 성적을 유지하고 수능 시험에서도 좋은 성적을 받는다. 서울대나 카이스트, 포항공대와 같은 명문대에도 어렵지 않게 진학한다. 절대적인 공부량이 중학교 시절보다 적은데도 불구하고, 나를 포함하여 서울과학고 학생들의 성적이 전국 최상위권인 이유는 무엇일까?

물론 탄탄한 공부 실력이 뒷받침되어 있기 때문일 것이다. 하지만 그것만큼 중요한 점은 바로 짧은 시간을 공부하더라도 최고의 집중력을 유지하면서 공부한다는 데 있다. 그들은 이미 짧게는 중학교 3년, 길게는 초등학교 6년까지 포함하여 9년 동안 열심히 공부해왔기 때문에 과목별로 어떻게 공부하고, 어느 부분을 집중적으로 외우고 익혀야 시험에서 좋은 성적을 받을 수 있는지를 대부분 경험적으로 알고 있다.

거기다가 좀 전까지 친구들과 장난을 치며 놀거나 휴대전

화로 게임을 하다가도 공부를 시작하면 갑자기 눈빛이 180도 바뀌면서, 숨소리도 잘 안 들릴 정도의 엄청난 집중력을 지니고 있다. 수년간 훈련을 통해 집중력을 최대한으로 끌어올리는 방법을 잘 알고 있기 때문이다. 나 역시 그러했고 말이다.

나만의 집중력 레벨업 방법

서울과학고 한 동기의 경우에는 특정 클래식 음악을 공부하기 전에 10분 정도 듣곤 했다. 초등학생 시절 바이올린을 배울 때 즐겨 연주했던 곡인데, 당시 엄청난 집중력으로 연주했기에 커서도 그 곡을 들으면 자신도 모르게 그때의 몰입도가 되살아난다고 한다.

또 다른 친구의 경우 틀린 그림 찾기 게임을 공부하기 전에 하곤 했다. 양쪽 그림을 비교하여 색이나 모양, 물건의 유무 등의 차이점을 찾는 이 게임을 할 때는 그림의 구석구석까지 집중해서 관찰해야 한다. 이 과정을 통해 공부 전에 이런저런 일들로 산만해진 정신을 가다듬는 것이다. 흔히 집중력을 흐트러뜨린다는 이유로 공부할 때 멀리하는 모바일 게임도 개

개인에 따라서는 좋은 공부 도구로 사용할 수 있는 것이다.

나의 경우 앞에서도 이야기했던 것처럼 공부할 때 만화책을 늘 책상머리 옆에 있는 자습서들과 함께 두었다. 그리고 공부를 하다가 머리가 아프거나 집중력이 부족하다고 느낄 때면 짧게는 1~2분, 길게는 10분 정도 평소 좋아하는 만화책을 보면서 머리를 좀 식혔다. 그러고 나면 다시 집중력을 높여 공부를 시작할 수 있었다.

이 책을 읽으면서 여러분도 책상 앞에서 짧은 시간 머리를 식히면서 공부하기 이전 상태로 빠르게 리셋할 수 있는 여러 방법을 떠올릴 수 있을 것이다. 친구들과 카톡을 하며 잠시 쉬는 것도 하나의 방법이 될 수 있고, 스마트폰으로 평소 좋아하는 게임을 5분 정도 하는 것도 좋을 수 있다. 아니면 잠시 독서실이나 공부하는 공간 밖으로 나가 바람을 쐬면서 산책을 할 수도 있다.

중요한 것은 이러한 시행착오를 통해 짧은 시간 효과적으로 공부에 지친 머리를 쉬게 하고 다시 높은 집중력으로 공부를 시작할 수 있는 자신만의 방법을 찾는 것이다. 처음에는 선생님이나 선배들, 친구들이 사용하는 방법을 자신에게 적용해볼 수 있다. 그러면서 자신에게 맞는 최적의 공부법을 서서히 정립해가는 것이 중요하다.

　여기서 중요한 점은 머리를 리프레시하기 위해 잠시 자신만의 방법으로 휴식을 취하는 것과 에너지 자체를 다른 곳에 쓰는 것은 다른 이야기라는 사실이다. 예를 들어 집중력이 흐트러졌을 때, 시험이 끝나면 하고 싶은 버킷리스트를 생각해보는 것은 지금 하고 있는 공부에 동기 부여를 해줄 수 있지만, 아직 벌어지지 않는 일을 미리 걱정하는 것은 에너지를 쓸데없는 일에 쓰는 가장 경계해야 할 일 중 하나이다.

　집중력 레벨이 곧 자신의 공부 레벨이다. 최고의 집중력으로 공부한다면 혹여나 공부 시간의 절대량이 부족하고 공부 환경이 좋지 않아도 분명 수험 생활을 성공적으로 이끌어 최상의 결과를 얻을 수 있을 것이다.

공부가 생각처럼 되지 않을 때

　학생들이 자주 하는 질문 중 또 다른 하나는 "공부를 하다가 슬럼프가 오면 어떻게 극복하나요?"라는 것이다. 이에 대해 나는 "위기는 극복하는 것이 아니라 받아들이는 것"이라는 답을 하곤 한다.

　인생을 살다 보면 항상 좋고 행복한 순간만 지속되지는 않는다. 좋지 않은 일이나 불행한 순간이 누구에게나 찾아온다. 그때 많은 사람들이 그런 순간을 마치 자신만 겪는 특별한 불행처럼 여겨 괴로워하거나, 그 상황에서 빨리 벗어나기를 조급히 바란다.

그러나 인생도 공부도 위기의 순간이 더 많다는 것을 받아들이는 자세가 중요하다. 위기나 슬럼프는 누구에게나 찾아오는 자연스러운 과정이다. 이를 억지로 극복하려고 하기보다는, 내 인생이나 학습의 일부로 받아들이고 함께 가는 것이 필요하다. 이러한 자세를 갖추면 위기 상황을 마주했을 때 조급함을 줄이고 더 침착하게 대처할 수 있다.

슬럼프를 대하는 자세

슬럼프가 왔을 때 중요한 것은 그 순간에도 공부를 계속 이어갈 수 있는 방법을 찾는 것이다. 위기를 극복해야 한다는 압박감보다, 지금의 상황을 인정하고 이 시기를 지나가기 위한 실질적인 계획을 세우는 것이 더 효과적이다. 특히 대학 입시를 앞둔 고등학생이라면, 학년이 올라갈수록 조급하기 마련이다. 매일 최선을 다해 공부하는데 성적이 좀처럼 오르지 않고 정체되어 있다면 답답한 마음이 들고 조바심이 날 것이다.

하지만 슬럼프가 왔다는 것은 절대 잘못된 일이 아니다. 오랜 시간 공부를 하는 수험생이라면 슬럼프는 찾아오기 마련이다. 오히려 슬럼프가 왔다는 것은 그동안 공부를 꾸준히 했다는 증거일 수 있다.

슬럼프가 왔을 때 느끼는 막막함과 조바심은 때로는 지나치게 많은 계획을 세우고 무리하게 자신을 몰아붙이는 결과로 이어진다. 이 과정에서 스트레스와 피로가 누적되어 결국 더 깊은 슬럼프로 빠지게 된다. 이럴 때는 계획을 줄이고 목표를 현실적으로 조정하는 것이 필요하다. 예를 들면 슬럼프라고 느껴지는 시기에는 하루에 꼭 해야 할 2~3가지 중요한 학습 목표만 정해보자. 나머지는 유연하게 진행한다. 이런 방식은 부담을 줄이고, 다시 집중력을 회복하는 데 도움을 줄 수 있다.

또한 목표를 더 세부적으로 나눠보자. 예를 들어, '한 챕터를 끝낸다'는 목표 대신, '10페이지 읽기' '단어 20개 외우기'처럼 작게 쪼개면 작은 성취감을 더 자주 느낄 수 있다. 그리고 목표를 달성할 때마다 체크하며 자신을 칭찬하자. 이런 작은 성취감의 축적이 슬럼프를 극복하는 데 효과적이다.

나의 경우는 사회탐구 과목을 공부할 때 집중력이 떨어지고 쉽게 피곤해지곤 했다. 그럴 때마다 처음에는 억지로라도 그날 정한 목표량을 채우고 암기하려 했지만, 그렇게 할수록 머릿속에 들어오기는커녕 더 피곤해지고 잠만 왔다. 이런 날들을 여러 차례 겪으면서 내가 내린 결론은 이럴 때는 이전과 같은 방식으로 공부하기보다는 변화를 주어야 한다는 사실이다. 그래서 나는 이때 가벼운 마음으로 전체를 한 번 빠르게 읽어보고 공부를 마쳤다.

슬럼프가 찾아올 때 '왜 나는 이럴까?'라는 생각에 빠지기보다는 '이 또한 지나갈 것이다'라는 마음가짐을 지니는 것이 중요하다. 공부라는 긴 여정에서 슬럼프는 피할 수 없는 과정이지만, 일시적인 상태일 뿐 그것이 계속 지속되지는 않는다는 사실을 반드시 기억하길 바란다.

실수했을 때의 자세

대학교 시절 과외를 할 때 성적이 잘 나오지 않는 학생들에게 듣는 너무나 익숙한 변명이 있다. 특히 강조하여 가르친 부분으로 충분히 내용을 이해했다고 생각한 문제를 보란 듯이 틀려왔을 때 그들은 늘 이렇게 말하곤 했다.

"분명 아는 문제였고 풀이도 맞았는데 계산 실수를 해서 틀렸어요."

"문제를 잘못 읽었어요. 문제만 똑바로 읽었어도 틀리는 일은 없었을 거예요."

특히 수학 시험에서 완벽하게 풀었다고 자신했던 문제를 계산 실수로 틀렸을 때 느끼는 좌절감은 이루 말할 수 없다. 하지만 이런 상황에 대해 나는 언제나 이렇게 단호히 말한다.

"실수도 실력이다."

잔인하게 들릴 수 있지만, 이는 시험을 잘 보려는 사람이라면 반드시 받아들여야 할 진실이다. 아무리 높은 사고력과 창의력을 요구하는 복잡한 문제를 풀어도 마지막에 계산 실수를 한다면 그 문제는 틀린 것이다.

많은 학생이 계산 실수를 '순간적인 부주의'로 치부하지만, 사실은 실력이 부족한 것이다. 수학 실력의 핵심은 계산 능력이다. 반복된 훈련으로 빠르고 정확한 계산 능력을 갖춘 사람은 실수하고 싶어도 실수하지 않는다.

수학 시험에서 실수를 줄이려면, 계산력뿐 아니라 집중력도 필수다. 많은 학생들이 시험을 보는 도중 다음과 같은 생각들에 휘둘린다.

"이 문제를 못 풀면 어떡하지?"

"결과가 안 좋으면 부모님이 뭐라고 하실까?"

"성적이 떨어지면 내 꿈은 끝나는 게 아닐까?"

이러한 걱정들은 시험 문제에 온전히 집중하지 못하게 만든다. 나 역시 중학교 시절, 비슷한 고민으로 시험 기간에 집중력을 잃은 적이 있다. 서울시 수학 경시대회에 나갔을 때 학원에서 수십 번 풀어봤던 문제를 실수로 틀려, 학원 친구들보다 현저히 낮은 점수를 받은 것이다. 이 경험을 통해 내가 깨달은 것은 하나다.

'시험 중에는 결과에 대한 걱정을 내려놓고 문제 풀이에만 집중하라.'

실수를 줄이는 전략

시험장에서 할 수 있는 유일한 일은 자신이 그동안 준비해 온 실력을 실수 없이 온전히 발휘하는 것이다. 그렇다면 실수를 줄이는 방법은 무엇이 있을까?

먼저 연습량을 충분히 확보하라. 운동선수가 반복된 연습을 통해 몸이 동작을 기억하도록 훈련하듯이 실수를 줄이는 데도 충분한 연습이 필수이다. 실수가 반복되는 이유는 실력이 부족하기 때문임을 인정하고, 이를 고치려는 노력을 반복적으로 해야 한다.

수학의 경우 자신이 주로 하는 계산 실수의 유형을 명확하게 파악하고 교정하는 시간을 가진다. 독해 문제를 자주 틀린다면 핵심 키워드를 놓치지 않고 문제의 요구 사항을 정확히 읽어내는 읽기 훈련을 해야 한다. 유독 헷갈리거나 약한 부분이 있다면 당연히 오답 노트를 적극 활용하고 시험 직전까지 살펴보는 자세가 필요하다. 실수야말로 결과를 바꾸는 진짜 실력임을 반드시 기억하길 바란다.

두 번째는 앞서 이야기했듯이 시험 결과에 대한 걱정을 줄이고 문제 풀이에 몰입하는 것이다. 시험을 보는 중에는 '이 문제를 틀리면 어떡하지?' 같은 걱정을 버리고, 문제 풀이 과정에만 집중해야 한다. '풀 수 있는 문제는 반드시 맞힌다'는 마음가짐으로 시험에 임하면 자연스럽게 실수를 줄이고 성적을 올릴 수 있다.

집중력은 선천적인 능력이 아니라 훈련과 연습으로 길러지는 능력이다. 충분히 연습하고 반복된 시뮬레이션을 통해 시험 상황에 익숙해진다면, 누구나 필요한 수준의 집중력을 발휘할 수 있다.

시험장에서 여러분이 해야 할 일은 간단하다. 그동안 쌓아온 실력을 믿어라. 실수하지 않는 것을 최우선 목표로 삼길 바란다. 한 문제, 한 문제에 몰입하며 완벽하게 풀어내는 데 집중해보자.

뒤늦게 공부를 시작한다면

    요즘 청소년들은 실패에 대한 두려움이 큰 것 같다. 시험에서 실수하거나 성적이 오르지 않을 때 쉽게 자신감을 잃고 불안해하는 경우가 많다. 때로는 공부와 진로를 주제로 유튜브를 운영하는 나에게 이런 고민들을 털어놓기도 한다.

    "시험에서 실패하면 부모님이 실망하지 않을까요? 친구들이 놀릴까 걱정돼요."
    "아무리 노력해도 성적이 오르지 않으면 어떡하죠?"
    "원하는 대학에 못 가면 제 인생은 끝난 건가요?"

이런 질문을 받을 때마다 나는 묻고 싶다. 정말 두려워해야 할 것은 시험에서 한 번 실패하는 순간일까? 아니면 내가 진정으로 원하는 목표를 향해 도전하지 못하고 포기하는 것일까?

공부에 실패란 없다

특히 뒤늦게 공부에 대한 열정이 생긴 학생들 가운데 자신이 남들보다 뒤처진 상태에서 도전을 했다가 실패한다면 이를 시간 낭비나 큰 손실로 생각하고 두려워하는 경우가 있다. 하지만 나는 단호히 말하고 싶다. 실패는 결코 마이너스가 아니다. 단기적으로는 실패를 경험할 수 있지만 그 과정에서 쌓인 노력과 경험은 자신을 더 단단하게 만들고, 더 높은 곳으로 이끌어줄 자산이 된다.

즉, 어떠한 시기에 이루어지는 노력은 결코 단기적인 'pass' 또는 'fail'로만 평가되지 않는다. 노력은 계단과 같아서 도전이 실패로 끝나더라도 여러분은 출발점에 그대로 있는 것이 아니다. 이미 많은 계단에 올라와 있는 것이다. 그 계단에서 몇 발자국 더 나아가면, 결국 여러분이 바라던 목표를 이룰 수 있다.

도전을 망설이고, 실패를 두려워하는 여러분에게 꼭 하고 싶은 말이 있다. 여러분이 지금 하는 걱정의 반은 일어나지 않을 일이거나, 성공한 후에나 의미가 있는 걱정이다. 지금은 걱정보다 도전에 집중해야 할 때다.

걱정은 도전한 뒤에 해도 늦지 않다. 오히려 이런 걱정은 공부와 노력을 피하기 위한 핑계일 가능성도 있다. 정말 두려워해야 할 것은, 실패가 아니라 도전조차 하지 않는 것이다.

서울과학고와
서울대에서 만난
공부 천재들

수학 경시대회 후 달라지다

　나는 초등학교 1학년 때부터 꾸준히 공부에 매진하는 타입이었다. 따라서 공부를 잘하는 친구들은 나처럼 초등학교 1학년 때부터는 아니더라도 적어도 초등학교 고학년 때부터는 공부를 잘해왔을 것이라고 생각했다. 하지만 서울과학고에 입학하여 만난 친구들은 나와는 다른 경우가 많았다. 친구들 중에는 초등학교 때는 그렇지 않다가 중학교 때부터 공부에 흥미를 느끼게 된 이들이 종종 있었다. 또한 나와 같은 꾸

준한 '공부벌레' 타입과는 다른, 다양한 유형의 '공부 천재'들
이 있었다.

　서울과학고 동기 A는 원래 수학은 좋아하고 잘했지만, 암
기 과목을 포함해서 국어, 영어 같은 문과 성향의 과목은 좋아
하지 않았고, 또 열심히 할 생각이나 의욕도 없었다. 보통 학
생들이 5번 정도 교과서를 읽으면 어느 정도 외우는 한국사도
10번을 넘게 읽어야 될 정도로 암기력 자체가 좋지 않았다.

　A는 학교 시험 기간에만 공부를 해서 반에서 5등 안팎의
성적을 받았다. 시험 기간 외에는 친구들과 어울려 게임을 하
거나 좋아하는 축구를 하면서 시간을 보내던 학생이었다. 대
치동 학원은커녕 다른 학생들이 한두 개 이상은 다니는 방과
후 학원도 다니지 않았다. 오로지 학교 수업과 자습서로만 공
부를 했다.

　그런 그가 과학고에 가고 싶다는 마음이 든 것은 중학교
2학년 때였다. 당시 학교 전체에서 교내 수학 경시대회를 열
었는데 A가 학교 대표로 뽑혔다. 중간고사나 기말고사에서
수학만큼은 늘 좋은 성적을 얻었지만 학교를 대표하는 자리

에는 당연히 자신보다는 전교에서 최상위권 안에 드는 학생이 뽑힐 것으로 생각했다. 하지만 높은 사고력과 응용력을 요구하는 교과서 밖 문제들이 나오는 경시대회의 특성상, 고난도의 문제를 평소에 종종 풀면서 수학 공부를 했던 A가 다른 친구들보다 더 좋은 점수를 받을 수 있었다.

하지만 그렇게 참여했던 서울시 수학 경시대회는 A에게 자신이 우물 안에 개구리였다는 생각이 들게 했다. 시험지 안에는 아무리 머리를 쥐어짜도 실마리조차 찾을 수 없는 문제들이 가득했고, 결국 그는 아무런 수상도 하지 못했다. 학교 선생님은 그에게 학교 대표가 아깝다는 말까지 했다고 한다.

그러자 A의 마음속에 처음으로 공부에 대한 욕구가 생기기 시작했다. 좀 더 구체적으로 말하면 서울시 수학 경시대회에 나가 좋은 성적을 얻어서 전국 수학 경시대회에 나가고 싶은 마음이 들었다. 자신의 수학 실력을 끌어올리고 싶었던 그는 처음으로 어머니에게 수학 학원을 보내 달라고 졸랐다. 어머니는 처음에는 당황해하셨으나 A군의 눈빛이 이전과는 달라졌음을 읽고 그 동네에서 수학 경시로 유명한 청산학원에 그를 보내주었다.

　A는 자신이 좋아하는 수학을 본격적으로 공부하기 시작했다. 그리고 이러한 과정은 가능성에만 머물러 있었던 그의 수학 실력을 급상승시켜주었다. 또한 그가 싫어하던 국어, 영어 등의 과목과 심지어 암기 과목에 대한 학습 욕구까지 끌어 올려주었다. 수학은 점수를 올리기 어려운 과목 중에 하나이다. 그런 과목에서 전교 1등에 가까운 성적을 얻게 되자 다른 과목의 점수도 조금만 올릴 수 있다면 전교에서 최상위권에 드는 일도 가능하리라 생각한 것이다.

　이후 그는 학교 수업이 끝나면 친구들과 게임을 하거나 축구를 하는 대신 책상에 앉아 스스로 공부하는 시간을 가졌다. 이러한 노력은 불과 1년 만에 전국 수학 경시대회에서 동상을 수상하는 결과와 전교 4등이라는 성과를 가져왔다. 그리고 이를 바탕으로 전교 1등도 들어오기 힘들다는 서울과학고에 무난히 진학할 수 있었다.

나에게 다시 새로운 하루가 주어진다면

　진승기라는 학생은 중학교 2학년 때까지 반에서 10등 안에 겨우 드는 학생이었다. 공부에 큰 흥미가 없었던 그 역시 시험 기간에만 공부하는 학생이었다. 성적이 잘 나오면 10등 안팎이고 잘 나오지 않을 때는 20~30등도 하던 학생이었다. 학업보다는 친구들과 게임 등을 하면서 어울려 놀거나 공부 외적인 일들로 시간을 보내는 게 재미있고 좋았다.

　하지만 중학교 2학년 겨울방학을 기점으로 공부에 대한 자세와 마인드가 180도 바뀌게 되었다. 그는 다른 친구들과 달리 방학 동안 학원도 다니지 않았다. 그날도 항상 함께 다니던 친구들과 동네 공터에서 농구를 하고 있었다. 그러던 중 친구 한 명이 동네 불량배 형과 시비가 붙어서 몸싸움에 휘말리게 되었고 상황이 악화되어 그는 턱이 골절되는 중상을 입고 구급차에 실려 응급실로 이송되고 만다.

이렇게 그는 예기치 못한 사건으로 턱에 철심을 박는 대수술을 받았다. 지금도 그렇지만 그 당시에 턱수술은 수술 시 사망의 위험성이 존재하는 고난도의 수술이었다. 어린 나이에 위험한 수술을 앞두고 수술장에 들어가면서 그는 마음속으로 다짐을 했다고 한다. 만약 수술이 잘 되어 자신이 예전처럼 건강하게 학교에 다닐 수 있게 된다면, 이전과는 다른 후회 없는 시간을 보내겠다고 말이다. 친구들과 어울리며 시간을 보내는 것도 좋지만 이제부터는 그동안 등한시했던 공부를 후회하지 않을 만큼 열심히 해보고 싶다는 생각이 든 것이다.

수술을 무사히 마치고 그는 약 2달간 병원에서 입원 생활을 했다. 그러곤 친구들보다 2주 늦게 중학교 3학년을 시작했다. 하지만 그는 과거의 그가 아니었다. 공부에 대한 강력한 동기가 그를 누구보다 열심히 공부에 매진하도록 이끌었다. 다른 친구들이 시시콜콜한 이야기로 떠드는 쉬는 시간에도 책을 읽었고, 부모님에게 자습서와 문제집을 사 달라고 말하기도 했다. 또 필요할 때는 동네 근처의 학원도 보내달라고 했다. 그의 갑작스런 변화에 부모님은 처음에는 당황하셨지만 최선을 다해 공부하고 싶다는 그의 진심에 적극적으로 지원해주기 시작하셨다.

그러자 신기하게도 중학교 2년 내내 제자리걸음이던 성적이 조금씩 오르기 시작했다. 기초 실력을 필요로 하는 수학이나 영어 과목은 점수가 크게 오르지 않았지만, 암기 과목에서는 점수가 큰 폭으로 올랐다.

강력한 동기가 이끌어가는 그의 공부는 고등학교 시기에도 계속되었다. 그리고 고등학교 2학년 말을 기점으로 드디어 오랜 시간 도무지 점수가 오르지 않던 수학과 영어도 1등급의 점수를 받기 시작했다. 처음으로 반에서 1등, 전교에서 5등이라는 성적도 나오고 말이다.

이러한 고등학교 때의 성적을 바탕으로 그는 1년간의 재수 시기를 거쳐 연세대학교 법학과에 당당히 입학했다. 중학교 때까지 공부에 별다른 흥미도 재능도 없던 그가 중학교 2학년 겨울에 일어난 수술이라는 뜻밖의 사건을 계기로 공부에 강한 의욕이 생겼고, 연세대 법대에 입학하는 학생이 된 것이다. 이후 그는 사법고시에 당당히 합격하여 현재는 강남 로펌에서 파트너 변호사로 일하고 있다.

이처럼 이 글을 읽는 여러분도 현재 자신의 성적이 어떠하든 늦었다는 생각에서 당장 빠져나오길 바란다. 성적을 올리고 좋은 대학교에 진학하는 데에 가장 중요한 것은 스스로 공부해야겠다는 의식의 변화이다. 자신은 하기 싫은데 누군가 시켜서 하는 공부가 아니라 스스로 자신의 미래를 위해 하는 공부만큼 실력을 올리는 강력한 무기는 없다. 자기 스스로 깨달은 동기 부여만이 자신의 목적을 위해 순간적으로 하기 싫은 감정을 다스리고 책상에 앉아 있을 수 있는 원동력이 되어준다. 그리고 그런 학생이 결국에는 원하는 성적을 얻을 수 있다.

고등학교 1학년 반전이 시작되다

초등학교 1학년 때부터 1등을 거의 놓치지 않았던 나에게 같은 반 아이들은 적어도 공부에 관해서는 경쟁자들이 아니었다. 아이들 역시 나를 자신의 경쟁자로 생각하지 않는 듯했다. 오히려 나에게 모르는 것을 물어보거나 시험 시간에 정답을 보여 달라고 하는 짓궂은 아이들만 존재할 뿐이었다.

중학교 2학년 때 같은 반이었던 B학생도 그중 한 명이었다. 그는 반에서 5등 안팎의 성적을 유지하는 아이였다. 그런 그를 다시 만나게 된 것은 고등학교 3년을 지나 서울대 전기공학부에 정시 원서를 넣고, 논술 면접 시험을 보러 가서였다. 논술 면접 시험을 기다리는 강의실에서 우연히 그를 보게 되었다. 시험 직전인지라 눈인사만 하고 그와는 아무런 얘기도 나누지 못했다.

나는 그가 서울대 공대에 지원을 했다는 사실에 놀라서 가끔 연락을 하던 중학교 친구에게 그의 근황에 대해 물어보았다. 그는 중학교 졸업 후 일반 인문계 고등학교에 진학했는데 고등학교 1학년 말부터 갑자기 성적이 큰 폭으로 올라 전교 1,2등의 성적을 유지해왔다고 한다.

이처럼 중학교 때에는 성적이 아주 우수하거나 엄청난 잠재력이 있어 보이지 않았던 학생도, 고등학교에 진학 후 자신이 어떻게 노력하느냐에 따라서 충분히 놀라운 실력을 발휘해 자신이 원하는 대학에 진학할 수 있다. 대학에 입학할 때에는 수시에서도 정시에서도 중학교 때의 성적은 반영되지 않으니 말이다.

이 글을 읽고 있는 수험생들 가운데 혹시나 중학교 때의 성적을 가지고 고민하거나 미리부터 좌절하는 학생들이 있다면 포기하지 말고 지금부터라도 수학과 영어 등 기본기를 다지는 데 오래 걸리는 과목부터 차근차근 공부하기를 바란다. 그러한 노력이 당장 한 학기, 한 학년의 성적을 올리는 데는 도움이 되지 않을 수도 있지만 진짜 본 시험 무대라고 할 수 있는 대학 입시에 필요한 고등학교 때의 성적을 올리는 데는 아주 큰 밑거름이 되어줄 것이다.

수학 천재, 약점을 극복하다

안형준이라는 친구는 중학교 때부터 수학적 재능이 뛰어나서 부족한 내신 성적에도 불구하고, 수학 경시대회에서의 수상을 바탕으로 서울과학고에 특차로 진학한 소위 말해 수학천재였다. 하지만 이 수학 천재에게도 부족한 점이 하나 있었다. 그것은 바로 자신이 푼 문제의 풀이 과정을 채점자가 이해할 수 있도록 바른 글씨로 자세하게 적는 일이었다.

그는 서울과학고에 들어와서도 자신이 푼 문제를 서술형

으로 쓰는 데 어려움을 겪었다. 마치 아인슈타인이 학창 시절 수학 점수가 늘 낮았던 이유가 '너무 빨리 수학 문제의 답이 떠올라서, 그것을 어떻게 설명해야 할지 몰랐다'고 말한 것처럼 말이다. 다른 사람들은 열 줄도 넘는 긴 설명으로 풀어야 이해되는 어려운 풀이법이 그에게는 마치 1+1=2를 설명하는 것과 같았기 때문이다. 이 책을 읽는 그 누구도 1+1=2에 대해 자세히 설명하라고 하면, '더 이상 어떤 설명이 필요해?'라고 말할 것이다. 그에게는 어려운 수학 문제가 대부분 이렇게 다가왔다.

이러한 이유로 그는 최정상급의 수학 실력을 지녔음에도 과학고 시절 서울대에 특차로 가기 위해 필요한 IMO(국제수학올림피아드) 대표가 되는 도전에 번번이 실패했다. IMO 대표로 뽑혀 세계 대회에 나가 수상을 한 동료들보다 늘 많은 문제를 풀었지만, 그의 악필과 불친절한 서술형 풀이는 5개의 문제를 풀어도 2~3개의 문제를 풀었을 때의 점수만 받게 했다. 그렇다고 그가 내신 성적이 좋았던 것도 아니다. 그의 내신 성적은 과학고 내에서 하위권이었기 때문에 서울대 의대에 합격할 정도의 수능 점수를 받아도 원하는 서울대 수학과뿐만 아니라 연고대 수학과도 떨어질 수 있었기 때문이다.

그런 그에게 원하는 서울대 수학과에 들어가기 위해 남은 기회는 이제 단 한 번, 고등학교 3학년 여름의 IMO 대회뿐이었다. 하지만 그의 부족한 서술형 풀이 능력이 개선되지 않고서는 서울대에 합격할 길이 보이지 않았다.

그래서 그는 처음으로 수학 문제를 서술하는 자신의 방법에 대해 본격적으로 연구하기 시작했다. 알아보기 힘든 악필의 필체를 최대한 바르게 쓰기 위해 초등학생들이나 쓰는 '바른 글씨 연습하기'와 같은 책을 사서, 한 글자 한 글자씩 한글뿐만 아니라 숫자까지 예쁘게 적는 연습을 하기도 했다. 이후에 과학고 동기이자 수학 경시대회 동료였던 나에게 말하기를, 자신에겐 그 과정이 수학 실력을 기르고 수학 문제의 풀이법을 논리적으로 생각해내는 것보다 몇 배나 더 힘들었다고 한다.

진인사대천명이라고 했던가. 이러한 연습을 거듭하자, 그의 수학 경시대회 시험 결과는 비약적으로 상승하게 된다. 세계대회에 나가기 위한 최종 관문인 3월에 치르는 FKMO 대회에서 10등 안팎의 성적만 기록하던 그가 단숨에 3등의 성적을 냈다. 그에게 달라진 것이 있다면 약 4개월의 시간 동안 각고의 노력으로 악필을 고치고, 이전에는 3~4줄로 휘갈겨 쓰던 수학 문제의 서술형 풀이를 10줄 이상으로 최대한 길고 자세하게 서술하려 의식적으로 반복해서 노력한 것밖에 없었다. 그리고 이 과정은 수학 천재인 그에게는 상당히 어려운 과정이었다.

그는 마침내 스스로의 벽을 깨고 나왔고, 이때의 변화를 바탕으로 당당히 국가대표로 IMO에 출전해 당당히 상위 10% 안에 드는 성적으로 은메달을 획득했다. 또 이 기세를 몰아 고등학교 1,2학년 때 번번이 계산 실수와 서술형 점수 감점으로 떨어졌던 전국 수학 경시대회에도 과학고 대표로 출전해 금상을 거머쥐었다. 그리고 이러한 수상을 바탕으로, 수능 성적과 상관없이 서울대학교 수학과에 특별 전형으로 당당히 합격했다.

내가 이 이야기를 하는 것은 타고난 천재들에게도 결국 절

실함이 자신의 재능을 마음껏 발휘하는 가장 중요한 원동력
이 된다는 것을 강조하기 위해서다. 그와 같은 타고난 재능이
많은 사람들에게 주어질 리 없지만 설사 운 좋게 주어지더라
도 절실함이 없다면 어떠한 결과물도 주어지지 않음을 기억
하길 바란다.

PART 3

서울대에 세 번 합격한
공부 비책

잘하는 과목과 못하는 과목

　학생마다 잘하는 과목과 어려움을 겪는 과목은 모두 다르다. 어떤 학생은 수학 문제 풀이에서는 두각을 나타내지만 역사적 사건의 흐름을 외우는 것은 어려울 수 있고, 영어 독해에 강점을 지닌 학생은 과학 계산 문제에서 고전할 수도 있다. 이처럼 개인의 성향과 적성은 매우 다르기 때문에, 모든 학생에게 같은 공부 전략이 효과적일 수는 없다.

　많은 학생이 자신이 부족하다고 느끼는 과목에 시간을 집중적으로 쏟는다. 물론 부족한 부분을 보완해야 하는 것은 당연하다. 하지만 부족한 과목에만 지나치게 많은 시간을 할애하는 것은 전체적인 성적 향상에 오히려 도움이 되지 않을 수 있다.

상위권 과목을 최상위권으로

반대로 많은 학생들이 특정 과목에서 자신감을 얻게 되면, 그 과목에 소홀해지는 경우가 흔하다. '나는 이 과목은 충분히 잘해'라는 생각에 다른 과목에 비해 공부량을 대폭 줄이는 것이다. 특히 내신 시험 기간에 부족한 과목을 공부하느라 평소 자신 있는 과목은 소홀히 하는 경우가 많은데, 그러다 보면 평소에는 쉽게 맞힐 수 있었던 문제에서 실수가 나오고 결과적으로 전체 성적이 하락하는 결과를 낳게 된다.

자신이 잘하는 과목을 더 잘할 수 있도록 실력을 다져놓으면 그것만큼 강력한 무기가 없다. 나는 내가 상대적으로 잘하는 수학과 과학에 더 많은 시간과 노력을 투자했다. 상위권 수준에 머무는 데에 만족하지 않고, 최상위권으로 올라갈 수 있도록 더 열심히 노력한 것이다. 이러한 노력은 단지 높은 성적을 얻기 위한 것이 아니라, 장기적인 학업 목표를 달성하기 위한 전략적 선택이었다. 중학교 때는 과학고 진학을 목표로, 고등학교 때는 이과 학생에게 가장 중요한 수학과 과학에서 압도적인 우위를 차지하려는 전략이었다.

내 경험상 부족한 과목에 약 60%의 시간을 투자하고, 나머지 40%는 잘하는 과목을 유지하는 데 사용하는 것이 효과적이다. 잘하는 과목에서 꾸준히 높은 점수를 유지하면, 부족한 과목에서 다소 낮은 점수를 받더라도 전체적인 성적에서 안정감을 가져올 수 있다.

부족한 과목 공부법

특정 과목에서 성적이 잘 나오지 않는 이유는 타고난 적성 때문일 수도 있지만 대부분의 경우 기초가 부족하거나 공부 방법이 잘못되었기 때문일 수 있다. 이러한 과목을 공부할 때는 성적을 단기간에 크게 올리겠다는 무리한 목표보다는, 자신의 약점을 정확히 파악하고 점진적으로 보완하는 접근이 필요하다.

먼저, 부족한 과목의 문제를 구체적으로 분석해보자. 개념

이해가 부족한가? 문제 풀이에서 어려움을 겪는가? 시간 관리에 실패해 시험장에서 문제를 끝까지 풀지 못하는가?

만약 문제 풀이에서 어려움을 겪는다면, 실전 기출 문제와 엄선된 모의고사 문제를 최대한 많이 풀어보자. 이때 문제 풀이에 적용된 중요 개념을 교과서나 자습서로 돌아가 다시 확인해본다. 이러한 복습 과정을 거치며 학습의 완성도를 높인다면 정답률이 눈에 띄게 향상될 것이다.

시간 관리에서 문제를 겪는다면, 문제를 풀 때 자신의 사고 과정에 대해 점검해봐야 한다. 자신이 문제의 보기 하나하나에 밑줄을 그어가며 문제를 푸는 것은 아닌지, 수학 객관식 문제를 풀 때 풀이 과정을 서술하는 데 지나치게 많은 시간을 들이는 것은 아닌지도 생각해볼 필요가 있다. 내가 과외를 했던 학생의 경우 이러한 습관이 개선되자 수학 성적이 비약적으로 상승했다. 이렇게 스스로의 약점을 점검한 뒤, 해당 부분을 하나씩 보완해 나가는 과정이 필요하다.

성적이 잘 나오지 않는 과목을 공부할 때는 하루에 많은 시간을 한꺼번에 투자하기보다는, 적은 시간이라도 규칙적으로 반복하여 공부하는 것이 장기적으로 더 큰 성과를 가져온다. 공부량이 쌓이면 성적은 자연스럽게 따라오게 마련이다.

나 역시 수학과 과학처럼 상대적으로 강한 과목에는 집중적으로 시간을 투자했지만, 영어와 국어, 암기 과목은 다른 전략을 택했다. 이 과목들에는 상대적으로 적은 시간을 투자하며 하루도 빠지지 않고 꾸준히 공부했다. 특히 암기 과목은 한 번에 많은 양을 공부하기보다 짧은 시간이라도 자주 반복하는 방식이 더 효과적이었다. 결과적으로 이러한 공부법을 통해 이 과목들에서도 상위권 성적을 유지할 수 있었다.

　이처럼 잘하는 과목은 더 잘하도록 장점을 극대화하고, 부족한 과목은 조금씩 꾸준히 개선하는 장기적인 전략을 세우는 것이 중요하다. 각 과목의 강점과 약점을 파악하고, 꾸준한 반복과 실력을 다지는 과정이 합쳐질 때, 비로소 여러분의 학업 성취가 빛을 발하게 될 것이다.

학기 중일 때와 방학일 때

영어, 수학, 과학과 같이 선행 학습이 필요하거나 단기간에 실력을 쌓기 어려운 과목들은 여름방학과 겨울방학이라는 긴 휴식 시간을 활용해 예습을 해두는 것이 효과적이다.

방학 때 해야 하는 공부

특히 수학과 물리학처럼 이해와 문제 풀이에 시간이 많이 걸리는 과목은 방학 동안 선행 학습이 필수적이다. 나는 수학과 물리학은 가능한 한 1학기에서 3~4학기에 걸친 예습을 목표로 했다. 방학을 활용해 충분히 예습을 해두면 학기 중에 배우는 내용이 새롭지 않게 느껴지고, 자연스럽게 복습의 효과를 얻을 수 있다. 특히 수학은 개념과 공식을 이해한 뒤 이를 활용해 다양한 유형의 문제를 풀어보는 데 많은 시간이 필요하다. 이러한 과정을 방학 중에 미리 끝내놓으면 학기 중에는 복습과 심화 문제 풀이에 집중할 수 있어 효율적인 학습이 가능하다.

물리학을 제외한 다른 과학 과목들은 암기 요소가 강하기 때문에, 굳이 방학 동안 선행 학습을 하지 않아도 된다. 대신에 학기 중에 복습을 철저히 하면 최상위 성적을 유지하는 데 큰 문제가 없다.

영어는 언어라는 특성상 꾸준한 학습이 중요하다. 나의 경우 방학 동안에도 학원, 과외, 독학 등을 통해 꾸준히 영어를 공부했다. 방학 중에 학습한 영어 단어와 독해, 문법 등은 학기 중에 진행되는 영어 수업과도 자연스럽게 연결되었다. 따라서 학기 중에는 별도로 많은 시간을 투자하지 않아도 영어 실력이 유지되었다.

암기 과목인 한국사와 세계사, 지리 등은 학기 중 복습을 철저히 하면 단기간에 점수를 올리기 쉬운 과목이다. 방학 동안 미리 준비해둔 수학, 영어, 과학은 시험 기간에 많은 시간을 투자하지 않아도 충분히 복습할 수 있었기 때문에 시험을 4주 정도 앞둔 시점부터는 본격적으로 암기 과목 공부에 집중했다.

암기 과목을 공부할 때는 교과서와 자습서를 최소 2~3회 읽으며 내용을 확실히 이해하고 외웠다. 시험 하루 전에는 그동안 반복적으로 학습한 내용을 다시 한 번 정리하며 최대한 완벽히 익힌 상태로 시험에 임했다. 이 전략은 암기 과목에서 만점에 가까운 성적을 안정적으로 얻는 데 큰 도움이 되었다.

효율적인 학습을 위해 중요한 점은 방학 중 학습과 학기 중 학습의 연결성이다. 방학 동안 익힌 내용을 학기 중에 다시 복습하면서 기초를 확실히 다지는 것이 성적 유지와 상위권 진입의 핵심이다. 방학 동안 충분히 예습하고, 학기 중에는 복습과 정리로 학습 내용을 다지는 전략은 단순하지만 매우 효과적이다. 특히 시험 준비 시기에는 과목별로 적절한 공부 시간을 배분하여 모든 과목에서 균형 있는 성과를 유지하는 것이 중요하다.

나의 방학 시간표

　나의 고등학교 1학년 여름방학 공부 시간표는 다음과 같다. 우선 방학에는 밤늦게까지 게임도 하고 놀기도 했기에 잠을 충분히 잔 뒤 10시에 일어났다.

　10시부터 오후 2시 정도까지는 영어 공부를 했다. 영어의 경우 내가 상대적으로 좋아하는 과목이 아니었고 암기할 내용이 많기 때문에, 정신이 맑고 의욕이 샘솟는 기상 직후에 공부했다. 물론 중간에 점심 식사도 했다.

　이후 한두 시간 정도는 휴식을 취하거나 낮잠을 잤다. 4시간 정도 집중력 있게 공부했기 때문에 머리도 휴식이 필요했다. 이러한 휴식 시간을 가지는 게 다음 공부에도 효과적이었다.

　그리고 나서 오후 4시부터 밤 9~10시까지는 내가 좋아하고 잘하는 수학이나 과학 과목에 대한 선행 학습을 했다. 가끔 학원을 가거나 인터넷 강의를 듣기도 했지만, 대부분 혼자 공부했다. 자습서의 설명만으로도 충분할 정도로 수학과 과학은 심화 학습이 되어 있었기 때문이다. 나와는 달리 수학과 과학에 어려움을 느끼는 학생이라면 이 시간에 학원에 가거나 온라인 강의를 들어도 좋을 것이다. 중요한 것은 오후 6시간 동안 집중력 있게 공부하면서 그날의 두뇌 용량을 충분히 사용하는 것이다.

밤 10시부터 12시까지 잠들기 전 2시간 정도는 게임을 하거나 만화책을 보면서, 그날 공부로 과열된 머리를 식히고, 휴식을 취했다. 학기 중에는 공부를 마치고 바로 잠자리에 드는 경우가 많았지만, 어느 정도 두뇌에게 회복할 시간을 주고 자는 게 다음날 공부에 효과적이라는 사실을 경험적으로 알고 있었기 때문이다. 이러한 스케줄은 특별한 일이 없는 한, 월요일부터 토요일까지 계속되었다.

학교에선 알려주지 않는
수업 시간 활용법

　학교 수업 시간에 자신이 이미 알고 있는 내용이 진행될 때는 집중하기가 쉽지 않을 수 있다. 하지만 학교 수업을 듣지 않고 학원 공부나 개인 공부로 대체하는 것은 절대 바람직한 방법이 아니다. 앞서 이야기했듯이 이미 학원에서 수차례 배운 내용이라고 해도, 교과서를 중심으로 다시 한 번 확인하며 점검하는 과정이 필요하다.

　사람은 자신이 알고 있는 내용이 모두 정확하다고 믿기 쉽다. 하지만 자신이 100가지 개념을 알고 있다고 생각하더라도, 그중 몇 가지는 잘못 이해하거나 미처 확인하지 못한 부분이 있을 수 있다. 학교 수업은 이런 작은 틀림과 오해를 확인하고 바로잡는 기회이다.

내가 정말 정확하게 이해하고 있나?

나 역시 학교 수업을 통해 내가 알고 있는 개념이 교과서의 내용과 정확히 일치하는지를 항상 점검했다. 교과서야말로 가장 체계적으로 정리된 학습 자료이며, 선생님의 설명은 그 내용을 보완하고 확장해주는 중요한 역할을 한다. 따라서 선생님의 설명과 교과서 내용이 내가 앞서 배운 개념과 조금이라도 차이가 있으면 무엇이 잘못되었는지를 인식하고 바로잡는 데 집중했다.

특히 수학의 경우, 학원에서는 난도 높은 문제를 중심으로 빠르게 진도를 나가면서 개념 설명은 간단히 넘어가는 경우가 많다. 하지만 진정한 수학 실력은 교과서에 나오는 기본 개념과 쉬운 문제를 완벽히 이해하고 풀어내는 데서부터 시작된다. 쉬운 문제를 정확히 풀어내지 못한다면, 난도 높은 문제에서 실수하기 쉽다는 사실을 명심해야 한다.

부족한 과목의 경우, 학교 수업 시간은 자신의 부족한 점을 보완하는 중요한 기회이다. 때로는 선생님의 수업 속도가 느리게 느껴질 수 있지만, 이 시간을 잘 활용하면 학습 효율을 극대화할 수 있다. 예를 들어, 수업 내용이 이미 알고 있는 부분이라면 나머지 시간을 활용해 뒷부분 내용을 미리 읽거나, 이미 배운 내용을 반복해서 읽으며 개념을 다질 수 있다.

나의 경우, 생명과학이나 한국사처럼 선행 학습을 많이 하지 않았던 과목은 학교 수업 시간 동안 선생님의 강의를 들으면서도 교과서와 노트 필기를 여러 번 반복했다. 이렇게 수업 시간 내에 철저히 학습한 덕분에, 집에 돌아와 따로 복습하지 않아도 충분히 이해하고 내용을 기억할 수 있었다.

결론적으로 학교 수업 시간은 단순히 선행 학습을 복습하는 시간이 아니라, 자신의 학습 상태를 점검하고 약점을 보완하며, 실력을 완성하는 시간이다. 이미 알고 있는 내용이더라도 학교 수업을 통해 다시 확인하고 교과서와 비교하며 잘못된 부분을 교정하는 습관을 들이도록 하자.

쉬는 시간을 활용하라

쉬는 시간은 단순히 휴식을 취하는 시간이 아니라, 공부 효율을 높일 수 있는 소중한 기회다. 물론 피곤할 때는 잠시 쉬거나 화장실을 다녀오는 것도 필요하다. 하지만 자투리 시간을 활용하면 학습 효과를 몇 배 높일 수 있다.

예를 들어, 쉬는 시간에 방금 배운 내용을 빠르게 복습하거나 다음 과목 내용을 미리 읽어보는 습관을 들이면, 수업 내용을 더 효과적으로 이해할 수 있다. 10분의 짧은 시간만으로도 학습 내용이 오래 기억에 남고, 나중에 시험 준비에 할애해야 할 시간을 크게 줄일 수 있다.

많은 학생이 학원이나 온라인 강의를 통해 공부하고, 학교는 단순히 친구들과 놀거나 쉬는 공간으로 여긴다. 하지만 이는 매우 비효율적인 사고방식이다. 아침에 기상한 후 학교에서 보내는 시간은 두뇌가 가장 활발하게 활동하는 시간대이기 때문이다. 반면에 방과 후 학원이나 독서실에서 공부할 때는 이미 체력이 소진된 상태이기 때문에 같은 시간 동안 더 적은 학습 효과를 얻을 수밖에 없다.

교과서 목차에 힌트가 있다

　학생들에게 교과서는 단순한 참고서가 아니라 모든 공부의 기초이다. 하지만 많은 학생들이 학원 강의와 선행 학습에 의존하는 과정에서, 정작 학교에서 배우는 교과서를 소홀히 여기는 경우가 많다. 학원에서 배운 내용을 교과서를 통해 다시 배우면서 '이미 다 알고 있는 내용'이라고 생각하는 것이다. 하지만 이러한 태도는 자신의 실력을 정확히 점검하고 보다 심화된 학습 내용으로 들어가는 데 큰 장애물이 된다.

　교과서는 국가가 검증하고 체계적으로 정리한 가장 정확한 학습 자료이다. 선행 학습을 통해 익힌 내용이 올바른지, 자신이 개념을 제대로 이해하고 있는지 확인하려면 반드시 교과서를 참고해야 한다. 학원에서 배운 내용은 다소 과장되거나 지나치게 축약된 경우도 있으며, 학교 시험에서 요구되는 범위와는 거리가 멀 수도 있다. 따라서 선행 학습을 했다고 교과서를 보지 않고 지나치는 것은 매우 어리석은 행동임을 꼭 기억하자.

목차를 달달 외워라

내가 오랜 학습을 통해 깨달은 것은, 교과서의 목차가 단순한 목록 이상이라는 사실이다. 교과서 목차는 한 학기 또는 일 년 동안의 학습 내용을 체계적으로 정리한 지도와 같다. 이는 단지 학습 방향성을 제시할 뿐만 아니라, 시험 출제 가능성이 높은 부분을 요약한 축약본의 역할을 한다.

하지만 많은 학생이 이러한 목차를 중요하게 생각하지 않는다. 내신 시험을 준비할 때도 교과서의 목차를 제대로 살펴보지 않고 본문 내용으로 바로 넘어가는 경우가 많은데, 이는 매우 비효율적인 접근이다. 목차는 방대한 교과서 내용을 구조적으로 이해할 수 있는 첫 번째 열쇠이며, 학습의 시작점이자 요약본으로 활용할 수 있다.

교과서 목차를 제대로 활용하려면 다음과 같은 과정이 필요하다. 먼저 목차를 통해 전체 학습 구조를 이해한다. 이를 위해 각 단원이 어떤 순서로 구성되어 있고, 서로 어떠한 연관성을 가지는지 파악한다. 예를 들어 앞 단원의 개념이 뒤에 나오는 단원의 심화 학습과 어떻게 연결되는지 확인하면 전체 흐름 속에서 세부 내용을 더 쉽게 이해하고 기억할 수 있다.

목차를 반복적으로 살펴보면서 이를 머릿속에 체계적으로 정리하는 습관을 들이는 것도 중요하다. 이런 과정을 통해 학습의 큰 그림을 그리고 나면, 시험을 준비할 때는 목차를 중심으로 빠르게 내용을 정리할 수 있다. 특히 내신 시험에서 목차는 시험 출제 가능성이 높은 부분을 우선적으로 찾아내는 데 유용한 도구로 활용될 수 있다.

고등학교 1학년 수학 교과서의 목차를 예로 들어보자. 우선 방정식과 부등식부터 배우기 시작한다. 여기까지는 별다른 특이점을 찾지 못할 것이다. 하지만 2단원을 잘 보면 지수와 지수함수, 로그와 로그함수에 대한 개념을 배운 후에 앞 단원에서 배운 방정식과 부등식을 활용해 지수방정식과 지수부등식, 로그방정식과 로그부등식을 두 번째 단계에서 배우는 것을 알 수 있다.

이 목차만으로도 방정식과 부등식을 푸는 문제를 출제하려는 목적으로 지수와 지수함수, 로그와 로그함수의 개념을 배운다는 사실을 이해할 수 있다. 따라서 지수와 로그의 정의 및 개념에 집중하면서도 더 중요한 것은 방정식과 부등식을 푸는 방법을 정확하게 익히는 것이라는 사실을 유추해낼 수 있다.

3단원 삼각함수에서도 마찬가지이다. 삼각함수의 정의와 개념을 익히고 나서 삼각함수 방정식과 삼각함수 부등식이 나온다. 이 역시 다양한 방정식과 부등식 푸는 문제를 내기 위해 삼각함수를 앞서 배우는 것이다. 그렇다면 방정식과 부등식을 정확히 풀기 위해 삼각함수의 개념과 정의를 정확히 익혀야겠다는 공부 방향을 목차를 통해 스스로 정할 수 있다.

이와는 달리 4단원 행렬의 경우 행렬의 부등식과 방정식이라는 개념은 나오지 않는다. 그 의미는 행렬은 그 자체의 개념과 정의가 중요한 단원이고, 출제 문제 역시 이를 충분히 이해했느냐를 물어보는 문제가 나온다는 것을 의미한다. 방정식과 부등식에 행렬이 들어가서 푸는 문제는 출제되지 않음도 물론이다.

나는 고등학교 2학년 말 무렵에야 생명과학과 지구과학 등의 과목을 공부하면서 교과서 목차의 중요성을 뒤늦게 깨달왔다. 어느 날 공부를 하다가 수능 문제에 자주 출제되는 개념은 교과서 목차에 있는 경우가 많다는 사실이 눈에 들어왔다. 교과서나 자습서에 많은 분량의 내용이 담겨 있더라도 수능 출제 빈도가 낮거나 중요하지 않은 부분은 목차에 적혀 있지 않았다. 그때 암기 과목들의 경우 목차만 제대로 살펴봤어도 출제 빈도를 파악할 수 있었을 텐데 그동안 목차를 제대로 살펴보지 않고 공부한 시간들이 아까웠다. 교과서 목차에 나와 있는 부분이 가장 중요하고 공부량을 많이 할애해야 하는 내용인 것이다.

이 책을 읽는 여러분은 나와 같이 후회하지 말고 이 사실을 빨리 깨닫길 바란다. 교과서 목차를 꼼꼼히 살펴보고, 이를 통해 전체 학습의 틀을 세우며, 시험에 출제될 가능성이 높은 부분을 확인하는 공부 습관을 들인다면, 여러분의 성적은 크게 오를 것이다.

시험 전까지 봐야 할 세 가지 교재

많은 수험생들이 공부를 시작하면서 고민하는 것 중 하나는 어떤 교재와 문제집을 선택하는가이다. 시중에는 수많은 교재와 문제집이 출간되어 있어, 처음 공부를 시작하는 학생들이나 수험생들은 어떤 것을 선택해야 할지 혼란스럽기 마련이다. 하지만 나는 항상 이렇게 답한다. 가장 좋은 책은 교과서다.

아무리 많은 문제집과 참고서를 풀어도 교과서를 꼼꼼히 보지 않았다면 진정한 공부라고 할 수 없다. 교과서는 국가와 교육 전문가들이 수년간 연구를 통해 만들어낸 가장 체계적이고 정확한 학습 자료이다. 반복하여 강조하지만 수능이든 내신이든 모든 시험의 출제 기준은 교과서를 중심으로 구성된다. 따라서 교과서 내용을 제대로 숙지하지 않은 상태에서 문제집이나 참고서를 푸는 것은 마치 기초 없이 높은 탑을 쌓으려는 것과 같다.

문제집 선택의 기준

교과서를 충분히 숙지한 후에 문제집을 선택할 때는 자신의 학습 수준에 맞는 교재를 고르는 것이 중요하다. 난도가 너무 낮은 교재를 보면 이미 알고 있는 내용을 반복하게 되어 학습 효과가 떨어지고 시간만 낭비하게 된다. 또한 난도가 너무 높은 교재는 충분히 이해하지 못하고 넘어가게 될 가능성이 높고, 어려운 문제 앞에 자신감을 잃고 학습의 지속성이 떨어질 수 있다. 따라서 자신과 비슷한 레벨의 학생들이 가장 많이 사용하는 교재를 선택하는 것이 좋다.

이때 시중에 출간된 지 5년 이상 된 문제집을 선택하는 것이 좋다. 출간된 지 오래된 문제집은 시간이 지나면서 문제의 질이 검증된 경우가 많다. 오래된 세월만큼 수많은 교사와 학생들 사이에서 꾸준히 사용되며 출제 경향과 문제의 완성도를 인정받은 교재로 자리 잡았기 때문이다.

반면에 출간된 지 3년이 채 되지 않은 문제집은 충분히 검증되지 않은 내용이 포함될 가능성이 높다. 출간된 지 얼마 안 된 문제집은 대개 최신 트렌드를 반영하려고 노력하지만, 단순히 기존 문제를 재구성하거나 짜깁기한 경우가 많다. 특히 '수능 100일 전 반드시 풀어야 할 문제' '수능 200일 뽀개기' 같은 타이틀을 내건 문제집은 내용을 깊이 있게 다루지 못하고 시험 준비 과정에서 혼란만 가중시킬 수 있으니 피하는 것이 좋다.

수많은 문제집 중에서도 가장 추천하는 교재는 단연코 수능 기출 문제집과 내신 시험 기출 문제집이다. 기출 문제는 그동안의 출제 경향과 시험에서 요구하는 사고력을 파악하는 데 가장 적합한 자료다. 기출 문제를 반복해서 풀어보면 시험장에서 문제를 푸는 속도와 정확성을 높일 수 있다. 또한 기출 문제는 개념과 응용을 결합한 형태의 문제가 많아 깊이 있는 학습이 가능하다.

시험이 가까워질수록 새로운 문제집을 풀거나 교재를 바

꾸는 것은 성적에 도움이 되지 않는다. 시험 직전에는 새로운 내용을 배우거나 어려운 문제를 푸는 것보다는 이미 공부한 내용을 복습하며 정확도를 높이는 데 집중해야 한다.

결론적으로 기존에 사용하던 교과서, 기출 문제집, 그리고 자신과 비슷한 수준의 학생들이 가장 많이 사용하는 교재 세 가지를 활용하여 반복 학습을 하는 것이 가장 효과적이다. 이 세 가지 자료를 시험 직전까지 꾸준히 보고, 부족한 부분을 보완하며 실력을 다지는 것이 시험 준비의 핵심이다.

쉬운 문항과
킬러 문항 공부법

  내신 시험뿐만 아니라 수능 시험에서 어려운 문제를 풀 수 있느냐 없느냐보다 중요한 것이 쉬운 문제에서 실수를 하느냐 하지 않느냐이다. 수능은 거의 모든 문제가 객관식으로 주어지고, 내신 시험 역시 상당 부분은 객관식이라는 사실을 절대 잊어서는 안 된다. 그렇기 때문에 시험 당일 상위권 학생일수록 그 시험의 성패는 열 명의 학생 가운데 겨우 한두 명만이 풀 수 있는 어려운 문제를 풀었느냐가 아닌, 다섯 명 이상의 학생이 풀 수 있는 중간 난이도 문제를 계산까지 정확하게 했느냐에 따라 갈리는 경우가 많다.

예를 들어, 수능 시험 수학 영역의 경우 최상위권 학생이 아니면 풀기 힘들다는 고난도 문제는 고작해야 한두 문제이거나 아무리 많아도 세 문제 정도이다. 그 외의 문제는 중위권 실력을 가진 학생이라면 충분히 풀 수 있는 문제들로 구성되어 있다.

이때 고난도 두세 문제를 맞히는 것도 중요하지만 그보다 더 중요한 것은 그 외의 문제에서 실수하지 않는 것이다. 사실 그 두세 문제를 틀리더라도 1,2등급의 성적을 받을 수 있다. 따라서 수능뿐만 아니라 여러 시험 현장에서 가장 중요한 자세는 대부분이 맞히기 어려워하는 문제까지 완벽하게 풀려는 자세보다는 중상위권 학생들이 대부분 맞히는 문제를 하나도 빠짐없이 실수 없게 풀어내려는 자세일 것이다.

쉬운 문제를 자꾸 틀린다면

공부를 잘하는 사람들에게 그 비결을 물었을 때 "기본기를 튼튼히 해야 한다"라는 말을 많이 들었을 것이다. 그럴 때 너무 뻔한 대답이 아니냐고 반문할 수 있다. 그러나 성적을 올리는 데 기본기보다 더 중요한 것은 없다. 자신이 어떠한 과목의 한 부분에서 자주 틀린다면, 그것은 기본 개념이 제대로 잡혀 있지 않기 때문일 수 있다.

핵심 개념을 충분히 이해하고 익히지 못하면 풀이법을 아무리 많이 보고 열심히 암기했더라도 실전 문제에서 살짝만 비틀면 당황하기 쉽다. 반대로 기본기만 충실히 익혀두었다면 생소해 보이는 문제도 주어진 시간 안에 풀리는 경우가 많다.

수학의 경우, 먼저 개념을 정확히 익힌 다음 초급 난이도 문제부터 풀면서 개념을 정확히 이해했는지 확인해야 한다. 그런 다음에야 이를 응용한 고난도 문제를 어렵지 않게 풀고 이해할 수 있는 것이다.

요즘 대치동을 필두로 한 학원가에서는 치열한 경쟁 속에서 살아남기 위한 나머지, 기본 개념을 익히는 시간을 소홀히 하고 개념도 제대로 이해하지 못한 학생들에게 섣불리 응용 문제를 풀게 하는 경우가 많다. 하지만 이는 안 하느니만 못한 최악의 시간 낭비이다. 아무리 응용 문제를 풀고 이해하더라도 기본 개념이나 기초적인 계산 실력이 갖춰지지 않으면, 대다수의 문제가 객관식인 내신 시험이나 수능에서는 절대 고득점을 안정적으로 얻을 수 없다.

킬러 문항 공부법이 있다면

몇 해 전 대통령까지 나서서 수능 시험의 킬러 문항을 없애 사교육 시장의 과열을 바로잡겠다고 발표한 일이 논란이 되었다. 하지만 결과적으로 수험생들이 느끼는 난이도는 큰 차이가 없었다. 오히려 준킬러 문항이라 불리는 문제들이 더 늘어났으며, 사교육 시장의 열기도 식지 않았다.

특히 수학 과목에서 킬러 문항은 가장 큰 화두가 된다. 수학에서 킬러 문항은 무엇을 의미할까? 일반적인 수학 문제들은 대개 단순한 아이디어나 기본 계산 능력을 요구한다. 반면에 킬러 문항은 단순한 수학적 아이디어 2~3개를 동시에 연결하여 해결해야 한다. 문제 풀이 과정에서 다소 까다로운 계산 능력이 요구되기도 하기에 제한된 시간 안에 풀기 위해 빠른 사고와 정확성이 필수이다.

그러나 킬러 문항은 결코 기상천외한 방법을 요구하거나, 상상력만으로 풀 수 있는 문제가 아니다. 또 계산이 지나치게 복잡하여 도저히 시험 시간 내에 풀 수 없는 문제를 의미하지도 않는다. 단지 고도의 이해력과 훈련된 문제 풀이 능력을 필요로 하는 문제일 뿐이다.

킬러 문항이란 용어는 불과 10년 전만 해도 존재하지 않았다. 당시에는 단순히 '난도가 높은 문제' 또는 '정답률이 낮은 문제'라는 표현이 주로 사용되었다. 하지만 지금의 학원 시장, 특히 대치동 학원가와 학원 강사들은 '킬러 문항'이라는 용어를 만들어내며 이를 상업적으로 활용하기 시작했다.

이 용어를 바탕으로 킬러 문항에 대비하기 위한 특강, 문제집, 강좌를 출시하며 새로운 수요와 수익원을 창출하고 있다. 이러한 흐름은 수험생들에게 킬러 문항을 풀려면 특별한 대비가 필요하다는 잘못된 인식을 심어주고, 불필요한 학습 부담을 가중시킨다.

하지만 킬러 문항을 대비하기 위한 특별한 비법은 존재하지 않는다. 기본 개념을 익히는 데 충실하며 꾸준히 문제 해결 능력을 쌓아온 학생들이라면 자연스럽게 해결할 수 있다. 따라서 특별한 방법론을 찾기보다 교과서와 필수 교재를 중심으로 성실하게 공부하는 것이 가장 효과적이다.

3회독 공부법

    3회독 공부법은 동일한 학습 자료를 3번 반복하여 학습함으로써 내용을 체계적으로 이해하고, 장기 기억으로 전환하는 데 효과적인 학습 방식이다. 이 방법은 방대한 학습 자료를 다룰 때 유용하며, 시험 준비 과정에서 큰 도움을 준다. 특히 수학능력시험처럼 고등학교에서 3년간 배운 과목들을 시험 범위로 하는 경우, 그 양 자체가 방대해서 수험생들 중에는 특정 과목을 사실상 포기하거나 공부량을 최소화할 수밖에 없는 경우가 많다. 이때에 이 3회독 공부법을 활용한다면, 짧은 시간 효율적으로 공부 능률을 올릴 수 있을 것이다.

1회독: 전체적인 구조와 중요 부분 파악

1회독은 학습해야 하는 내용 전체의 전반적인 구조와 큰 틀을 이해하는 데 초점을 맞춘다. 이 단계에서는 속도와 포괄성이 중요하다. 1회독에서는 전체 학습 기간의 3분의 1을 활용해 학습 계획을 세운다. 방대한 자료일지라도 빠르게 읽으면서 전체적인 흐름과 주제를 이해해야 한다.

전체 학습 내용의 구조와 주요 개념을 빠르게 파악하고, 학습 범위에 대한 큰 그림을 그린다. 그런 다음 목차를 중심으로 자료를 스캔하며, 각 단원 또는 챕터에서 다루는 핵심 내용을 간략히 파악한다. 이해되지 않거나 어려운 부분, 중요하다고 느껴지는 부분에 표시를 남기는 방법을 사용한다. 또한 기출 문제를 면밀히 분석하여 기출 문제에서 자주 출제되는 부분을 1회독하면서 형광펜이나 빨간펜 등으로 표시하는 것을 추천한다. 이러한 부분들을 표시해두면, 2,3단계 공부에서 공부 시간과 공부 효율을 비약적으로 절약할 수 있다.

1회독에서는 완벽한 이해를 목표로 하지 않고, 내용을 훑는 데 집중한다. 그리고 그 과정을 통해 어떤 부분이 중요하고 실전 시험에 자주 출제되는지를 파악하며 체크한다. 아무리 암기 과목이라고 할지라도 출제 빈도가 낮거나 중요하지 않은 부분들의 세부 사항에 얽매이지 말고, 실제 시험에 자주 출제되는 부분 위주로 학습 내용의 전체적인 구조와 흐름을 파악하는 것이 중요하다.

이 단계는 이후 2회독 과정에서 어떤 내용을 중점적으로 공부해야 할지를 정확히 인식하고 체크함으로써 향후 학습의 기본 틀을 다지는 기초 작업이다.

2회독: 심화 학습과 보완

2회독은 1회독에서 표시한 중요 부분과 이해되지 않았던 부분을 중심으로 심화 학습을 진행하는 단계이다. 학습한 내용을 자신의 것으로 만들기 위해, 속독 형식으로 빠르게 읽고 지나갔던 1회독과는 달리 정독 형식으로 좀 더 꼼꼼하게 읽고 정리한다. 학습해야 하는 내용 전체를 빠르게 읽으면서 중요 부분만 표시했던 1회독 때와는 달리, 2회독 때는 중요하게 표시된 부분을 정독하면서 그 부분이 머릿속에서 완벽하게 장기 기억으로 전환되도록 공부하는 방법을 선택한다. 이 과정을 통해 실전 시험에서 자주 출제되는 문제들은 적어도 모두 맞힐 수 있도록 실력을 쌓을 수 있다.

이러한 2회독의 과정을 통해 학습 내용을 깊이 이해하고, 중요한 개념과 논리 구조를 정리하여 자신의 언어로 표현할 수 있도록 한다. 그런 다음 1회독에서 이해가 잘 가지 않거나 외워지지 않아 표시한 부분을 학습하며, 추가로 표시하거나 정리한다. 또한 학습 내용을 요약하거나 자신이 이해한 내용을 스스로 설명하며 복습하도록 한다.

이러한 과정을 통해, 3회독 때는 중요하고 자주 출제되는 부분들이 저절로 떠오를 정도로 학습 내용들을 장기 기억으로 치환시키는 작업을 수행한다.

3회독: 복습과 완성

3회독은 학습 내용을 완벽히 내재화하고, 중요 부분뿐만 아니라 세세한 부분들까지도 대뇌의 장기 기억으로 전환하는 과정이다. 이 단계에서는 복습과 반복을 통해 학습한 내용을 점검하고 부족한 부분을 보완한다. 중요도가 낮다고 생각하여 2회독 때까지 촘촘하게 보지 못한 부분들을 체크하며 읽어간다.

또한 3회독 때에는 핵심 개념과 논리를 다시 확인하고, 학습 내용을 장기 기억으로 완전히 정착시킨다. 1회독에서 표시한 중요하고 출제 빈도가 높은 내용을 우선적으로 공부하되, 이외의 세세한 내용 중에 시험 문제에 보기로라도 출제된 부분들까지 정독하면서, 전체적인 내용을 장기 기억으로 치환시키기 위해 노력한다. 필요하다면 3회독 이후 4,5회독까지 반복 학습을 통해 세세한 부분들 중에서 한 번이라도 출제된 적이 있거나 출제가 예상되는 부분들을 정독하며 익히도록 한다.

이러한, 3회독에서는 공부 분량이 많기 때문에 한 번에 많은 양을 복습하려 하지 말고, 분량을 나눠 진행하는 것이 중요하다. 필요한 경우, 이해가 부족했던 부분은 다시 돌아가 복습하며 완벽히 이해하도록 한다.

효율적인 시간 배분

효과적인 3회독 공부법을 위해서는 학습 기간의 배분이 중요하다. 먼저 1회독에 전체 기간의 3분의 1을 투자한다. 이때는 처음으로 학습 내용을 보는 단계이고, 기출 문제를 면밀히 분석하고 체크하는 단계이기 때문에 그보다 더 오랜 시간이 걸릴 수도 있다.

2회독에는 남은 기간의 3분의 1을 활용한다. 이 단계에서는 1회독에서 학습한 내용을 심화 이해하며, 부족한 부분을 보완한다. 1회독에서 표시한 부분을 집중적으로 공부하기 때문에 실제로 걸리는 시간은 꽤 짧을 것이다. 그럼에도 실전 시험에서 0점에서 60점 정도로 점수가 빠르게 오르는 가성비 높은 효율적인 공부가 가능한 단계이다.

3회독은 남은 기간 전부를 사용하여 오랜 시간 집중적으로 진행하며, 핵심 개념과 논리를 반복 복습한다. 이 단계가 어떻게 보면 가장 많은 시간이 걸리는 단계이지만, 이미 1,2회독을 통해 어느 정도 내용을 익히고 중요 부분을 표시해뒀기 때문에, 실질적으로 공부하는 데 큰 어려움은 느껴지지 않을 것이다.

나의 경우 1회독에서 약 40%의 내용을 이해하고 암기할 수 있었다. 이후 2회독에 들어가면서, 이 40%를 기반으로 추가 20%의 내용을 다지며 전체 학습 내용을 60%까지 끌어올리는 것을 목표로 했다.

이 과정에서 깨달은 점은 2회독에 걸리는 시간은 가장 짧아도 이때 가장 많은 집중력을 요구한다는 것이다. 1회독에서 기본적인 틀을 익히는 데 성공했지만 시험에 자주 출제되고 중요하다고 표시한 세부 사항을 다시 정리하고 완벽하게 이해하는 과정에서 많은 노력이 필요했다.

3회독에서는 2회독에서 다진 내용을 복습하며, 자주 출제되지는 않지만 출제 가능성은 분명 있는 세세한 부분까지 보완해 학습 내용을 100%로 끌어올렸다. 이를 통해 시험 준비의 마지막 단계에서 자신감을 얻을 수 있었다.

이처럼 3회독 공부법은 단순히 하나의 방법이 아니라, 체계적인 학습 전략이며 장기적인 학습 성과를 보장하는 강력한 도구라 할 수 있다.

물론 시간적 여유가 충분하다면 시험 직전까지 4회독이 되었든, 5회독이 되었든 시간이 허락하는 한 학습서의 내용을 최대한 많이 보는 것이 좋다. 암기 위주의 과목일수록 세 번 보는 것보다는 네 번 보는 것이, 네 번 보는 것보다 다섯 번 보는 것이 더 오래 기억된다.

천재들의 공부 습관을 베껴라

의대 시절, 나는 암기력이 뛰어난 한 동기 동생의 독특한 공부법을 보며 고개를 갸우뚱한 적이 있다. 그는 강의록 한 페이지를 읽고 빈 A4 용지에 그림 하나까지 강의록에 쓴 내용을 그대로 복제하는 방식으로 공부를 했다. 나에게는 너무나 비효율적이고 또 느려 보이는 공부법이었다.

그 동기는 나보다 성적이 좋았지만, 나는 그의 공부법을 인정하기보다 부정적인 시선으로 바라보았다. 하지만 시간이 지나며 반복되는 시험에서 그는 계속하여 나보다 더 좋은 성적을 냈고, 나는 그의 방식이 효과적이라는 사실을 점점 인정하게 되었다.

빈 A4 용지 공부법

이 공부법의 핵심은 단순히 텍스트를 읽거나 요약하는 수준을 넘어, 교재나 자료를 A4 용지에 완전히 복제하면서 학습하는 것이다. 이 공부법은 시각적, 운동적, 그리고 기억적 학습 요소를 결합하여 학습 효과를 극대화하는 독창적인 방법이었다.

텍스트를 단순히 읽는 것만으로는 기억에 오래 남지 않지만, 직접 손으로 적고 그림을 그리는 과정을 거치면서 다중 감각을 활용하면 정보가 뇌에 훨씬 더 깊이 각인된다. 단점이라면 시간이 오래 걸릴 수 있다는 것인데, 시간이 적게 걸리는 다른 암기법을 썼을 때 효과가 없는 학생들에게는 이 방법을 추천한다. 이 공부법은 시간이 오래 걸릴지언정, 모든 암기법 중 많은 내용을 가장 완벽하게 암기할 수 있는 방법이었다.

내용을 옮겨 적는 동안 자연스럽게 집중력이 높아지고, 세부 사항까지 주의 깊게 보게 된다. 특히 손으로 반복적으로 적는 행위는 장기 기억을 형성하는 데 큰 도움을 준다. 그림과 글을 복제하며 자료의 흐름과 구조를 파악하게 되는 것도 이 방법의 장점이다.

이 방법을 효과적으로 활용하기 위해서는 먼저 자료를 읽고 전체적인 흐름과 구조를 파악한 뒤 빈 A4 용지에 옮겨 적기 시작해야 한다. 단순히 베끼는 것에 그치지 않고, 적으면서 내용을 이해하려는 노력이 반드시 필요하다. 시간이 오래 걸릴 수 있지만 이해력과 암기력을 동시에 향상시킬 수 있는 매우 유용한 방법이다.

두음 암기법

과학고 동기였던 한 친구는, 암기를 할 때 꼭 암기의 내용을 한 문장이나 단어로 축약해서 외우는 방법을 사용하곤 했다. 예를 들어 한국사 교과서에 나오는 '갑오개혁의 주요 내용'에 대해 암기할 때, 다음과 같이 갑오개혁의 주요 내용 6가지를 6가지 문장으로 정리한다.

갑오개혁의 주요 내용

- 청나라에 의존하지 않고 자주독립의 기초를 세운다.
- 과거 제도를 폐지하고 능력 위주로 관리를 뽑는다.
- 신분 제도를 없앤다.
- 세금을 모두 법으로 정하고 그 이상 거두지 못한다.
- 백성을 함부로 가두거나 벌하지 말며 백성의 생명과 재산을 보호한다.
- 도량형을 통일한다.

그런 다음 그 문자의 앞 글자만을 따서 '청과', '신세', '백도' 등 아무 의미 없어 보이는 단어를 완성한다. 그리고 이 단어들을 억지로라도 하나의 문장으로 만드는 것이다. 예를 들어 '청과를 받은 신세를 나중에 백도를 줘서 갚았다'는 식으로 말이다. 그러면 갑오개혁의 주요 내용 6가지를 떠올릴 때 '청과', '신세', '백도'라는 3가지 단어를 쉽게 떠올릴 수 있고, 청, 과, 신, 세, 백, 도라는 6개의 음절로부터, 청나라, 과거제도, 신분제도, 세금, 백성, 도량형을 연상할 수 있다. 이렇게 언뜻 외우기 어려울 것 같은 위의 6개 문장을 하나의 문장으로 쉽게 떠올릴 수 있는 것이다.

해마 암기법

해마 암기법은 의대에 다닐 때 나를 포함하여 의대생 대부분이 사용했던 방법이다. 우리 두뇌에서 대부분의 지식은 우선 단기 기억 저장 장치에 저장되었다가 어느 정도 시간이 지난 후에는 대부분 휘발되어 버린다. 하지만 계속해서 반복적으로 기억되거나, 특정 상황이나 환경에서 강하게 인식된 기억들은 해마로 옮겨져 장기 기억으로 전환된다. 해마 암기법은 이러한 신경학적 이론을 토대로 한 방법이다.

반드시 기억해야 하는 내용을 공부할 때 평소 즐겨 듣지 않던 낯선 음악을 듣는다거나, 여느 때와는 다른 상황(TV를 켜 놓는다든지, 그날 일어난 정치 경제적 사건을 생각한다든지)에서 공부하는 것이다. 이때 대뇌에서는 이러한 환경을 평소와는 다르게 인식하면서, 다른 때보다 좀 더 해마의 활동성이 향상된다. 물론, 이렇게 한다고 해서 한 번 공부한 내용을 모두 장기 기억으로 변환시킬 수는 없다. 이렇게 공부하고 최소 6시간 이상의 수면이나 휴식을 취한 후, 하루 아니면 2~3일 후에 해당 내용을 복습해야 공부한 내용이 해마로 이동되어 긴 시간이 지나도 대부분 기억나게 된다.

인생에서 절대적인 방법은 없다. 공부도 마찬가지다. 나에게 낯설고 비효율적으로 보였던 동기의 공부법이 결국 나에게 더 나은 결과를 가져다준 것처럼, 다양한 방법을 배우려는 자세가 필요하다. 그것이 나에게 맞는지 살펴보고 필요한 부분을 수용하며, 나만의 방식으로 발전시키는 과정은 성장의 핵심이다.

나만의 가성비 공부법

　대부분의 수험생들은 장시간 집중해서 공부하는 것을 힘들어한다. 하루에 10시간 이상 공부하는 수험생들도 2~3시간 공부하면 30분 이상은 쉬거나 머리를 식히면서 밥도 먹고 휴대전화도 하기 때문에 실제로 공부한 시간은 10시간의 절반이 조금 넘는 6~7시간 정도인 경우가 많다.

　나 역시 그랬다. 좋아하는 수학 문제를 풀 때면 2~3시간도 쉬지 않고 문제에 푹 빠져서 집중할 수 있었지만, 싫어하는 과목인 암기 위주의 한국사나 세계사 같은 과목을 공부할 때면 단 1시간도 제대로 공부에 집중할 수 없었다. 딴생각이 슬금슬금 머리를 잠식해 들어오곤 했다. 이는 의대나 치대에 다니면 접했던 수많은 암기투성이의 해부학, 병리학 같은 과목을 공부할 때도 마찬가지였다.

나는 한번 자리에 앉으면 5시간 이상 책에서 눈을 떼지 못하는 의대 동기들의 집중력을 부러워하기도 했다. 그리고 그러한 집중력이 없는 스스로를 채근하고 낙담에 빠지기도 했다. 하지만 이런 지리한 과정을 겪으며 나는 나만의 공부법을 생각해냈다. 아무리 싫어하는 과목이라도 좋아하는 과목처럼 가성비 좋게 효과적으로 공부할 수 있는 방법을 말이다.

이 공부법에 나는 스스로 '가성비 공부법'이라는 이름을 붙였다. 공부할 때 장시간 집중하며 공부하고자 하는 이유는 공부의 가성비, 즉 효율을 높이기 위함이기 때문이다. 다음에 소개하는 나의 공부법은 공부의 가성비를 극대화하기 위해 기존의 공부법이나 자세를 따르지 않는 방법이기도 하다.

물론 가장 좋은 것은 장기간 어느 정도는 딴생각을 의식적으로 몰아내고 공부에 집중할 수 있는 훈련을 계속해서 그것을 현실화시키는 것이다. 실제로 아무리 공부 집중력이 부족한 사람이라도 반복해서 그런 연습을 거치면 10분도 집중하지 못하던 공부 시간이 20분, 30분으로 늘게 된다.

공부 시간을 분할하라

하지만 사람은 각자의 공부 체력과 뇌의 집중도가 다르다. 또 앞에서 말했듯이 자신이 어려워하고 싫어하는 과목을 공부할 때는 집중력이 사라지고 머릿속에 딴생각이 많아질 수밖에 없다. 이 경우 장시간 억지로 공부하고자 하는 노력은 공부의 효율을 높이기는커녕 그날의 공부 페이스를 흐트러뜨릴 수 있다. 나 역시 그랬고 말이다. 그래서 이러한 때는 자신의 한계를 빨리 파악하고, 그 한계 내에서 집중력을 유지하며 공부하기 위한 요령이 필요하다.

나의 경우 의대 공부를 할 때 어려운 의학 용어와 의학 지식을 무조건 암기해야 했다. 이해와 근거를 위주로 공부했던 수학이나 과학과 달리 이런 식의 공부는 15분 정도만 해도 머리에 용량이 가득 찬 느낌이 들어서 금방 딴짓을 하고 싶어졌다. 그럴 땐 집중하는 시간을 늘리려고 해봤자 소용이 없었다.

그래서 내가 선택한 방법은 15분 동안만 집중하고 대신 쉬거나 노는 시간을 5분으로 짧게 가져가는 방법이었다. 다른 학생들처럼 60분 집중하고 15~20분간 쉬는 방법을 사용할 수 없다면 이 방법도 괜찮다. 네 사이클이 지나면 남들처럼 60분간 집중하고 20분간 쉬는 공부를 하는 것이나 다름없기 때문이다.

군이 오래 집중을 하려고 불필요하게 노력할 필요가 없다는 것이 내가 말하고자 하는 바의 핵심이다. 중요한 것은 집중해서 공부한 시간의 총량이지, 한 번도 쉬지 않고 오래 공부한 시간이 아니기 때문이다. 대신 15분간은 확실히 집중해서 공부해야 한다. 이렇게 15분의 짧은 시간 동안 집중하고 5분을 쉬게 되자 확실히 공부의 효율성이 올라갔다.

이 글을 읽는 여러분도 공부할 때 집중하기 어렵거나 자꾸 딴생각이 난다면 이 방법을 적용해보도록 하자. 중요한 것은 5시간을 공부했다, 10시간을 공부했다가 아니라 10분을 공부하더라도 집중함으로써 그 내용을 완벽히 자신의 것으로 만드는 것이다. 그래서 실전 시험에서 문제를 맞히고 점수를 올리는 것이다.

이러한 '가성비 공부법'으로 공부하면 10분, 20분이 쌓여서 하루에 최소 5시간 이상은 온전히 집중해서 공부할 수 있게 된다. 이 5시간의 공부는 집중하지 못한 채 딴생각을 하며 공부하는 10시간보다 더 높은 공부 효율을 가져다주게 될 것이다.

　명심하도록 하자. 중요한 것은 절대적인 공부 시간이 아니라 공부의 효율이라는 것을. 하루에 자는 시간 빼고 16시간 이상을 공부하는 것보다, 하루 5~10시간 정도만 공부해도 충분히 원하는 공부량을 채울 수 있다는 사실 말이다.

자투리 시간 공부법

　많은 학생들이 하루에 절대적으로 공부할 시간이 부족하다고 호소한다. 하지만 반복하여 강조하듯이 공부의 핵심은 얼마나 오랜 시간 한자리에 앉아 있느냐보다 어떻게 주어진 시간을 효율적으로 활용하느냐에 있다. 나는 이를 학창 시절과 수험 생활, 그리고 서울대학교 공대에 다니며 다시 의대 진학을 준비하던 시절의 경험을 통해 뼈저리게 깨달았다.

　예를 들어, 하루에 20분, 30분이라는 시간이 아무것도 아닌 것처럼 보일 수 있다. 하지만 그 시간을 1년, 2년 매일 꾸준히 활용한다면 자신만의 무기를 만들어 나가는 시간이 될 수 있다.

또한 공부는 꼭 책상 앞에서나 독서실, 카페 등에서 하는 것이라는 편견에서 벗어나야 한다. 영어나 암기 과목 등은 지하철이나 버스 안에서도 공부할 수 있다. 또한 수학은 얼마든지 암산을 통해 하루 종일, 심지어 잠자기 직전에도 풀이법을 연구하고 생각할 수 있다. 실제로 거하는 물리적인 환경은 저마다 다를 수 있지만 머릿속이라는 공간은 누구에게나 공평하게 주어져 있기 때문이다.

여러 이유로 책상 앞에서 공부할 시간이 절대적으로 부족하더라도 얼마든지 효과적으로 공부할 수 있다는 것을 수험생분들이 꼭 알았으면 좋겠다.

버리는 시간은 없다

나는 서울대학교 공대를 다니던 시기에 의대 입시를 위해 다시 수능 공부를 시작했다. 하지만 이미 졸업을 앞둔 대학교 4학년으로, 하루 종일 수능 공부에 전념할 시간이 부족했다. 수능 준비를 본격적으로 시작한 시점이 7월 말로 수능까지

고작 100일 정도밖에 남지 않은 상황이었기에 시간이 절대적으로 부족했다. 따라서 이를 보완하기 위해 나는 자투리 시간을 활용하는 방법을 극대화했다.

집에서 서울대학교까지 오가는 데에 걸리는 약 1시간 30분은 내게 있어 가장 귀중한 학습 시간이 되었다. 이 시간을 그냥 흘려보내는 대신, 나는 암기 과목을 위한 요약본을 만들어 활용했다. 과학탐구와 사회탐구의 핵심 개념을 한 손에 잡힐 크기로 정리한 암기 노트를 들고 다니며 지하철과 버스에서 반복적으로 읽고 외웠다. 암기 과목은 문제를 풀 필요 없이 눈으로 보고, 머릿속으로 기억하면 충분히 학습 효과를 낼 수 있다.

나의 경우 긴 이동 시간이 도움이 되었지만, 이동 시간이 30분 이하더라도 영어 단어를 외우거나 간단한 수학 문제 풀이를 생각해보는 식으로 짧은 시간을 활용할 수 있다.

자투리 시간을 효과적으로 활용하기 위해서는 무엇을 공부할지 미리 계획하는 것이 중요하다. 복잡하고 난도가 높은 내용보다는, 반복적으로 학습해 장기 기억으로 가져가야 하는 내용을 중심으로 공부하는 것이 좋다. 예를 들면 다음과 같이 계획할 수 있다.

- 아침 등굣길에 영어 단어 10개 외우기
- 복잡한 지하철에서 풀리지 않던 수학 문제 아이디어 생각하기
- 하굣길에 형광펜으로 표시한 사회탐구 암기 내용 복습하기
- 쉬는 시간에 국어 문법 개념 1개 학습하기
- 점심시간에 과학탐구 과목 주요 개념 복습하기
- 잠들기 전에 오늘 틀린 문제 다시 복습하기

물론 자투리 시간만으로 수험 공부의 전부를 해결할 수는 없다. 나는 낮에는 대학교 졸업을 위한 수업과 실험에 참여하고, 저녁에는 독서실에서 5~6시간 동안 집중적으로 공부했다. 대학교 4학년 졸업반과 고등학교 3학년 수험생의 두 가지 역할을 병행하는 삶은 체력적으로나 정신적으로 매우 힘들었다. 하지만 긴 학습 시간과 자투리 시간을 조화롭게 활용한 덕분에, 나는 서울대 공대 졸업과 의대 진학이라는 두 가지 목표를 모두 이룰 수 있었다.

자투리 시간을 활용하는 공부는 하루하루는 미미하게 느껴질지라도, 그 시간이 쌓이면 절대적인 공부 시간을 뛰어넘

는 효율을 가져올 수 있다. 특히 시험 공부는 장기간의 노력이 중요한 만큼, 매일 짧은 시간이라도 집중해 공부하는 습관을 기르는 것이 중요하다. 하루 중 자신이 놓치고 있는 자투리 시간을 찾아보고, 그 시간을 어떻게 활용할지 구체적으로 계획해보자.

PART 4

최상위권으로 가는
과목별 공부법

최상위 점수는
결국 국어에서 좌우된다

1. 국어도 암기 과목처럼 공부할 때가 있다

수능 국어 영역에서 독해 지문에 딸린 5개 내외의 문제들 가운데 10% 정도는 사실 독해 속도가 빠르거나 독해 능력이 뛰어나지 않아도 충분히 답을 고를 수 있는 문제들이다. 주로 국어 문법이나 사자성어, 속담 문제들이 나오는데, 이러한 문제들은 시행된 지 30년이 넘은 수능에서 조금씩 변형되어 출제된다. 따라서 이미 시험 범위가 정해져 있고 거기에서 문제가 출제되는 한국사처럼, 독해 실력이 부족하더라도 사전에 충분히 관련된 문제들을 많이 풀어보고, 그 문제에서 요구하는 문법이나 속담, 사자성어를 열심히 외우면 어렵지 않게 문제를 풀어낼 수 있다. 이미 문제 안에 정답이 있는 경우도 있기 때문에 이 유형들은 사전에 충분히 기출 문제들을 분석하여 공부함으로써 짧은 시간 안에 정확히 정답을 골라낼 수 있도록 하자.

2. 문제와 보기를 정독한 다음 지문을 읽는다

국어 실력이 부족한 학생들이 하는 가장 많은 실수는 국어 문제를 풀 때 독해 지문부터 읽고 문제와 보기를 읽는 것이다. 수능 국어는 객관식 문제를 짧은 시간 안에 정확하게 푸는 것이 관건이다. 그런데 길고 난해한 독해 지문을 먼저 읽는 것은, 독해 능력이 부족하고 속도가 느린 학생일수록 시간을 낭비하는 셈이 된다.

우선 시험에 나온 독해 지문을 읽기 전에 그 지문에 딸린 5개 내외의 문제들을 보기까지 꼼꼼하게 읽어보자. 그래야 어디에 주안점을 두고 지문을 읽어야 하는지 파악할 수 있다.

지문 전체의 주제인지, 아니면 지문에 나오는 특정 단어나 인물에 대한 설명인지 등을 문제를 통해 확인하고 지문을 읽기 시작하는 것이다. 필요에 따라 중요한 부분에 밑줄이나 별표 등으로 표시하는 것도 좋다.

예를 들어, 특정 문제에 '이 글에 따르면 사실이 아닌 것을 고르시오'라는 문제가 나오고 5개의 보기가 주어졌다고 하자. 이때 5개의 보기를 미리 읽지 않고 지문부터 읽고 문제를 풀었다면, 대부분의 학생들은 문제를 보고 다시 지문으로 돌아가, 긴 지문 중에 각 보기에 나오는 부분을 일일이 비교해서 참, 거짓 여부를 판별할 것이다. 독해 지문을 여러 번 읽는 수고를 감수해야 하는 것이다.

이렇게 되면 독해에 긴 시간이 소요될 수밖에 없다. 이는 한정된 시간 안에 누가 더 빠르고 정확하게 10개에 가까운 긴 독해 지문을 읽어내는가를 가르는 국어 시험에서 치명적인 핸디캡이 될 수밖에 없다. 따라서 독해 능력이 부족한 학생일수록 지문보다는 문제를 먼저 읽는 습관을 들이도록 한다.

3. 문학을 풀 때는 O와 X를 표시하라

문학 지문의 경우, 보통 긍정적인 이미지의 대상과 부정적인 이미지의 대상이 대립되는 경우가 많다. 시, 소설, 수필 등 모든 문학 작품들이 대개 이러한 방식을 따르기 때문에 지문에 O와 X로 표시를 하면서 빠르게 독해를 하면, 의외로 쉽게 문제가 풀리는 경우가 많다.

문학 지문 중에서도 특히 시에서 이러한 경우가 많다. 많은 수험생들이 시의 전체적인 주제와 시어나 시구를 해석하는 데 어려움을 겪는다. 시 자체가 긴 글로 이루어진 문학 작품이 아니고 함축적이고 비유적인 단어로 이루어져 있기 때문이다. 이때 긍정적 이미지와 부정적 이미지 같은 대립적인 의미의 시구를 통해 시의 주제를 찾고 시를 분석하는 것이 문제를 풀 때 효과적인 경우가 많다.

이해하기 쉽게 예를 들어 보고자 한다. 수능에 자주 출제되는 복효근 시인의 〈새에 대한 반성문〉을 통해 이 방법을 설명해보겠다. 언뜻 보면 이 시는 주제가 잘 파악되지 않는 어려운 시로 보인다. 하지만 앞에서 얘기했듯이 긍정적인 시구와 부정적인 시구를 구분하여 시를 살펴보면 어렵지 않게 시의 주제를 파악할 수 있다.

춥고 쓸쓸함이 몽당빗자루 같은 날

운암댐 소롯길에 서서

날개 소리 가득히 내리는 청동오리 떼 본다

혼자 보기는 아슴찬히 미안하여

그리운 그리운 이 그리며 본다

우리가 춥다고 버리고 싶은 세상에

내가 침 뱉고 오줌 내갈긴

그것도 살얼음 깔려 드는 수면 위에

머언 먼 순은의 눈 나라에서나 배웠음직한 몸짓이랑

카랑카랑 별빛 속에서 익혔음직한 목소리들을 풀어놓는

별, 별, 새, 새, 들, 을, 본다

물속에 살며 물에 젖지 않는

얼음과 더불어 살며 얼지 않는 저 어린 날개들이

건너왔을 바다와 눈보라를 생각하며

비상을 위해 뼛속까지 비워 둔 고행과

한 점 기름기마저 깃털로 바꾼 새들의 가난을 생각하는데

물가의 진창에도 푹푹 빠지는

아, 나는 얼마나 무거운 것이냐

내 관절통은 또 얼마나 호사스러운 것이냐

그리운 이여,

네 가슴에 못 박혀 삭고 싶은 속된 내 그리움은 또 얼마나 얕은 것이냐

한 무리의 새 떼는 또

초승달에 결승 문자 몇 개 그리며 가뭇없는

더 먼 길 떠난다 이 밤사

나는 옷을 더 벗어야겠구나

저 운암의 겨울새들의 행로를 보아 버린 죄로

이 밤으로 돌아가

더 추워야겠다 나는

한껏 가난해져야겠다

- 복효근 <새에 대한 반성문>

  '청둥오리 떼'는 그리며 보는 대상이기 때문에 긍정적인 대상이라고 할 수 있다. 이를 시각적으로 더 잘 보이게 하기 위해 동그라미를 그려서 표시해 둔다. 그다음으로 나오는 시구인 '순은의 눈 나라'는 그 자체로 시구의 원형적인 상징적 의미(순수, 밝음) 때문에 역시나 긍정적인 대상이니 동그라미로 표시해 둔다. 별과 새는 이러한 '순은의 눈 나라에서나 배웠음직한 몸짓'과 '목소리'를 풀어놓기 때문에 역시나 긍정적인 대상이고, 이 역시 동그라미를 크게 쳐서 표시한다.

  이제 긍정적인 대상과 반대되는 부정적인 대상을 예시처럼 세모로 표시함으로써 새의 속성을 파악하는 것이 이 시를 해석하는 데에 핵심이다. 새의 속성은 '순은', '가난', '기름기가 없는 가벼움'이다. 여기에서 기름기를 물질적 욕망으로 해석하고, 가난이라는 시어를 통해서 주제를 이끌어 내야 한다.

화자는 이러한 속성을 가진 새를 보며 반성하고 있다. 그러므로 이 시의 주제는 '물질적 욕망에 대한 반성'이다. 현대를 살아가는 이들은 대부분 물질적 욕망에 얽매여 있다. 하늘과 지상을 대립적인 의미로 해석할 때, 지상은 세속적 가치를 나타낸다. 반대로 하늘은 세속을 초월한 이상적 가치를 나타낸다. 지상에 얽매여 있는 사람의 마음에는 세속적 욕망이 무겁게 자리 잡고 있기 때문에 높은 이상에 다가가기 힘들다.

화자는 날아가는 새들을 보며 현재의 자신을 반성하고 있다. 이렇듯 무거운 것, 기름기, 옷 등은 부정적인 이미지를 상징하기 때문에 세모로 크게 표시를 하면, 자연스럽게 긍정적 이미지의 시구와 부정적 이미지의 시구가 대비되면서 새의 순수함이라는 긍정적 속성이 쉽게 파악되며, 시의 주제도 어렵지 않게 파악할 수 있다.

이렇듯 문학 작품에 나오는 어떤 등장인물이나 시구, 사물 등을 그 작품의 주제를 대표하는 긍정적 이미지와, 그와 대립되는 부정적 이미지로 표시하는 방법은 문학 작품을 빠르고 정확하게 독해해서 정답을 빠르게 선택하는 데 도움이 된다.

4. 바로 OMR 카드에 마킹하자

최근 들어 국어 영역의 지문은 점점 더 길어지는 추세이다. 또한 예측 가능한 지문이 나오는 경우도 있지만, SNS상에서 대화를 나누는 지문이나 광고 문구 등 이전과는 다른 지문들이 출제되는 경우가 늘고 있다. 그렇기 때문에 평소에 국어 영역에서 시간이 부족하지 않았던 수험생이라 할지라도, 수능 당일 실전 시험에서는 시간이 부족한 경우가 있다. 특히 국어 영역은 긴장도가 가장 높은 1교시에 시행되기 때문에, 아무리 실력이 좋고 모의고사 경험이 많은 수험생이라도 시간이 부족한 경우가 빈번히 발생한다. 이는 뒤에 나오는 문제를 다 찍거나 다급한 나머지 OMR 카드에 마킹을 잘못하는 실수로 이어지기도 한다.

나 역시 고등학교 3학년 시절 10번도 넘는 모의고사를 보며 단 한 번도 국어 영역에서 시간이 부족한 적이 없었다. 하지만 국어 영역이 전년도에 비해 어렵게 출제된 실전 수능에서 처음으로 시간이 부족해서, 시험 종료 종이 울리기 3분 전에 겨우 OMR 카드 마킹을 완료하고 한숨을 내쉬었던 기억이 있다. 당시 과학고 동기 중에는 마지막 지문을 제대로 읽지도 못하고 그 지문에 딸린 5개의 문제를 모두 3번으로 찍은 학생도 있었고, 마지막 2개의 지문에 해당하는 문제를 다 찍고서, 2교시 시험 시작 직전에 고사실을 빠져나와 집으로 가버린 학생도 있었다. 다들 상위 0.1%에 드는 최상위권 학생들이었는데도 말이다.

이렇듯 아무리 실력이 뛰어난 학생이라도 수능 국어 영역 실전에서는 시간이 부족한 경우가 많기 때문에, 적어도 국어 영역의 경우에는 한 문제, 한 문제를 풀자마자 OMR 카드에 바로 마킹하는 것이 좋다.

만약 2개의 보기 중에 헷갈리는 문제가 있다면 어떻게 하는 것이 좋을까? 그 문제만 비워두고 마킹을 한 다음 마지막에 다시 한 번 문제를 읽고 정답을 마킹할 수 있다. 하지만 개인적으로 국어 영역의 경우 처음 문제를 풀 때 떠오른 답이 정답인 경우가 많았다. 문제를 다 풀고 헷갈렸던 문제로 돌아가면 집중력이 떨어져서 처음보다 정답을 맞힐 확률이 떨어지는 것 같다. 그렇기에 개인적으로는 설사 헷갈리는 문제더라도 처음 문제를 풀 때 떠오른 정답을 과감히 OMR 카드에 마킹할 것을 추천한다. 그냥 비우고 넘어갈 경우 상황에 따라 검토할 시간이 없거나, 최악의 경우 OMR 카드 마킹을 밀려서 시험 전체를 그르칠 가능성이 높기 때문이다. 헷갈리는 한두 문제 때문에 전체를 망칠 위험성을 감수하는 것은 실전에서 결코 현명한 행동이 아니다.

요약하면 모든 과목 중에 실전에서 시간이 부족할 가능성이 가장 높은 국어 영역의 경우 한 문제를 푸는 동시에 바로 OMR 카드에 정답을 마킹하는 습관을 들이자. 또한 헷갈리는 문제더라도 처음 내린 정답을 과감히 마킹하거나 고민의 시간을 1분을 넘기지 않고 마킹하는 편이 정답일 가능성이 높다.

5. 헷갈릴수록 출제자의 입장에서 생각하자

헷갈리는 문제가 있다면 출제자의 입장에서 정답을 정해보

자. 이 말을 들으면 "대체 이게 무슨 비법인가? 나도 출제자의 입장에서 문제를 풀고 싶은데, 그게 안 되니까 이러고 있는 거 아냐?"라는 볼멘소리를 할 수도 있다. 나 역시 학생 시절에 수많은 선생님과 강사분들이 국어 영역의 문제를 풀 때는 출제자의 입장에서 정답을 골라야 한다고 얘기하면 와닿지 않았다. 마치 '열심히 살면, 성공한다'는 말처럼 뜬구름 잡는 얘기라고 생각하곤 했다.

하지만 의대에 가려고 대학교 4학년이라는 늦은 나이에 수능 공부를 다시 시작하며 현역 시절 가장 약점이었던 국어 영역을 극복하기 위해 수많은 기출 문제와 모의고사 문제를 분석하면서 깨닫게 되었다. "출제자의 입장에서 문제를 바라보라"는 말이 얼마나 큰 의미를 가지고 있는지, 그리고 얼마나 도움이 되는 조언인지 말이다. 내가 깨달은 의미를 이제부터 여러분에게 최대한 상세하게 설명해보고자 한다.

국어 영역에서 제일 난감한 것이 정답인 거 같은 보기가 1개가 아니라 2~3개가 있을 때다. 나도 고등학교 3학년 시절, 늘 5개의 보기 가운데 1개가 아니라 2개가 정답 같아서 50%의 확률로 하나를 골라야 하는 문제가, 국어 영역 45개의 문항 가운데 5개 이상인 경우가 대부분이었다. 늘 곤란해하며 결국 50% 찍기의 성공 여부에 따라 국어 영역 점수는 널뛰기를 하곤 했다. 그때마다 나는 2개의 보기 모두 보는 시각에 따라 정답이 될 가능성이 충분한데, 그중 1개만 정답이라고 하는 건 다분히 출제자의 주관적인 시각이 아닐까 생각하곤 했다.

하지만 4년 후 다시 국어 영역을 공부하면서 깨닫게 된 사실은, 정답일 가능성이 100%인 1개의 보기와 정답일 가능성이 0%인 4개의 보기 중에 1개를 정답으로 고르는 수학과는 달리, 국어 영역은 정답일 가능성이 80%인 보기 1개와, 60%, 40%, 20%, 0%인 4개의 보기 중 정답일 가능성이 상대적으로 가장 높은 보기를 선택하는 시험이라는 점이다. 즉, 국어 영역은 정답과 정답이 아닌 보기 4개가 있는 게 아니라, 문제를 낸 출제자의 입장에서 보았을 때 가장 정답일 것 같은 보기를 정답으로 정하는 시험인 것이다.

또한 문제를 푸는 수험생이 2개의 보기가 둘 다 정답이 될 가능성이 80%로 동일하다고 생각하더라도, 문제와 보기를 다시 한 번 천천히 읽다 보면, 출제자는 2개의 보기 중 하나에 좀 더 정답 가능성을 두고 문제를 냈음을 확인할 수 있다. 가능성이 1%라도 높은 보기를 정답으로 고르는 자세가 결국

국어 영역에서는 '출제자의 입장에서 문제를 푸는 방법'이라
는 것을 명심하기를 바란다.

누구나 수학 1등급이 될 수 있다

1단계 정확한 계산 능력부터 기르자

대부분의 수험생들은 수능 수학 영역 시험에서 킬러 문항이나 고난도의 문제를 풀기 위한 사고력과 응용력만 기르면 수능 등급이 자연스럽게 상승할 것이라고 생각한다. 하지만 아무리 문제 풀이 방법을 정확하게 알아도 정답을 내기 위한 계산 과정이 틀리면 수능에서는 어떤 점수도 받을 수 없다. 수능에서는 객관식 문제뿐만 아니라 주관식 문제에서도 마찬가지다.

수능 수학 시험은 남들이 다 어려워하는 고난도 한두 문제를 풀어내는 것보다 정답률이 높은 문제를 짧은 시간 내에 정확하게 푸는 것이 오히려 더 중요하다. 따라서 이 글을 읽는 수험생들은 수학 성적을 올리기 위해 어려운 수학 문제를 푸는 심화 학습을 하기 전, 자신의 계산 능력을 객관적으로 점검해볼 필요가 있다. 과연 한 문제당 3분 정도가 주어지는 수능 시험에서 긴장되고 컨디션이 좋지 않은 상황에서도 막힘없이 정답을 맞힐 수 있는 실력이 있는지 점검해보는 것이다.

내가 오랫동안 수학 강의와 과외를 하며 살펴봤을 때 학생들의 3분의 2 정도는 자신의 계산 능력을 과대평가하고 있는 듯하다. 수능에서 수학 3등급 이하의 학생들은 성적을 1,2등급으로 올리기 위해 심화 과정의 강의를 듣고 고난도 문제를 풀기 전에 계산 능력부터 끌어올려야 한다.

그렇다면 계산 능력은 어떻게 해야 효과적으로 기를 수 있을까? 너무도 당연한 말이지만 사칙연산도 오랜 시간 반복해야 익숙해지고 정확해진다. 따라서 단순한 계산 문제를 단시간에 완벽하게 풀어 정답을 내는 연습이 필요하다.

나의 경우는 어렸을 때부터 재능수학 학습지를 풀었다. 나에게는 잘 맞는 학습지여서 이를 활용해 초등학교 3~4학년까지 연산 실력을 길렀다. 빠르고 정확하게 답을 내는 훈련을 계속 하다 보니 자연스럽게 암산도 하게 되었다. 암산 실력까지 갖춰지면 문제를 푸는 속도가 훨씬 빨라지게 된다.

요즘은 재능수학이나 구몬 같은 연산 학습지 말고도 다양한 연산 문제집(쎈수학 연산 편 등)이 시중에 많이 출간되어 있다. 학습지와 동일한 진도로 구성된 문제집도 있고, 학년별로 구성된 교재, 분수나 소수, 방정식 등 특정 부분으로만 구성된 학습지도 있으니 자신에게 필요한 것으로 선택해 학습하면 된다.

수험생들은 어려운 수학 문제를 풀고 싶은 마음에 조바심이 날 수밖에 없다. 하지만 이런 때일수록 연산 실력을 향상시키기 위해 충분한 공부 시간을 배정하고, 계산 문제를 모아둔 문제집을 꾸준히 풀어야 한다. 그래서 100분 안에 30문제를 풀어야 하는 수능에서 어떤 계산이건 1~2분 안에 정확히 정답을 낼 수 있는 실력을 갖추길 바란다.

2단계 이제 고난도 문제를 풀자

1~2분 안에 어떤 복잡한 계산 문제라도 정확히 정답을 낼 수 있는 실력을 길렀다면, 그다음 단계는 그동안 내신 공부를 하면서 익힌 기본적인 수학 개념과 문제를 바탕으로 수능식 문제, 즉 사고력을 요하는 문제를 최대한 많이 풀어보는 것이다.

수학은 양보다 질이 훨씬 더 중요한 과목이다. 선행 학습 차원에서 쉬운 문제만 풀면서 빠르게 몇 년 치를 앞서서 공부한다고 해서 그것이 진짜 승부처인 수능에서 실력으로 연결되는 경우는 거의 없다. 믿기지 않겠지만 남들보다 느리더라도, 심지어 선행 학습 없이 해당 학년의 심화 문제를 푸는 학습만으로도 가장 중요한 수능 수학 시험에서 높은 점수와 등급을 받을 수 있다. 예를 들면, 미적분을 전혀 모르고 고등학교 2학년이 되었더라도 고등학교 1학년 때까지 배우는 수학 과정을 100점 만점에 80점 수준으로만 충분히 익혔다면, 미적분 내용을 한두 달 만에 깊이 있게 익히고 관련된 문제를 풀 수 있다.

따라서 2단계에서는 심화 사고력을 기르는 문제집이나 경시대회 문제집을 많이 풀길 바란다. 요즘은 학년별로 수학적 사고력을 길러주는 심화 문제를 모아놓은 다양한 문제집이 시중에 나와 있다. 수준별 문제집도 다양하고, 《1031》과 같은 사고력 문제집도 있다. 나아가 최고 수준의 심화 문제를 풀고 싶다면 《3% 올림피아드》 같은 경시 문제집을 풀 수도 있다. 경시대회 기출 문제집을 사서 볼 수도 있으니 이 글을 읽는 수험생 여러분은 각자 자신의 수준에 맞게 심화 학습을 시작하면 된다.

반드시 경시대회 수준의 문제를 풀 필요는 없다. 주안점은 그동안 쌓아온 정확한 계산 능력과 각 학년의 수학 과정 내용을 토대로 사고력이 필요한 문제를 접해 보고, 참신한 방법으로 수학 문제를 푸는 과정에 스스로가 익숙해지게 만드는 것이다.

이러한 과정은 실전 수능 수학 문제를 풀기 위한 일종의 예방 접종이라 생각할 수 있다. 수학 실력을 상위권으로 올리기 위해서는 간단히 식을 세워 계산하는 문제에서 벗어나 약간의 사고력과 트릭이 들어간 수학 문제를 풀 수 있어야 한다. 각자의 학년과 나이에 맞는 심화 문제나 경시 문제를 푸는 연습을 하면 수능 수학에서 필요한 수학적 사고력을 어느 정도

길러둘 수 있다.

나는 대치동 수학 학원에서 처음 접한 '응용수학'을 통해 사고력이 필요한 문제들을 접할 수 있었다. 당연히 처음부터 잘 풀 수는 없었지만 여러 난도가 높은 문제들을 꾸준히 풀어보면서 수학적 사고력을 기를 수 있었다. 그리고 이때 기른 사고력은 수능에서 고난도 문제들을 풀 때 알게 모르게 큰 도움이 되었다.

따라서 일찍부터 무리한 선행 학습을 하는 대신 자신의 학년에 맞는 심화 문제를 풀면서 수학적 사고력을 기르는 데 집중하길 바란다. 이것이 아무리 강조해도 지나치지 않는 수학 공부의 비결이다.

3단계 공통된 풀이 패턴을 연구하자

초등학교 때부터 고등학교 때까지 10년 이상의 긴 시간 동안 수학을 공부하며, 나의 수학 실력을 최상위권으로 끌어올리는 과정에서 한 가지 알게 된 사실이 있다. 그것은 아무리 기발한 아이디어가 필요하고, 고도의 수학적 사고력이 요구되는 수학 문제라고 할지라도 그 풀이법과 유사한 풀이법을 가진 기존의 기출 문제가 있다는 사실이다. 비록 시험의 종류가 다르더라도 잘 찾아보면 어딘가에는 유사한 풀이법을 가진 문제가 반드시 있다.

국내 최정상급의 대회라고 할 수 있는 KMO(한국수학올림피아드)나 전국 고등학교 수학 경시대회 문제들도 마찬가지다. 절반 이상은 비슷한 난이도의 경시대회 기출 문제나 시중에 있는 경시 대비 문제집을 반복해서 풀고 이해하면 같은 풀이법으로 풀리는 문제들이 대부분이다. 물론 이러한 최고 난도의 수학 경시대회 문제를 처음 접했을 때 풀이법을 바로 생각해내는 것은 매우 힘든 일이다. 하지만 고난도 문제를 풀어보고 또 풀이를 보면서 또 왜 그렇게 풀었는지 생각하며 비슷한 유형의 문제들을 풀어보면 결국 유사한 풀이법, 즉 '문제 풀이의 공통적인 패턴'을 이해할 수 있다.

나는 실제로 수학 경시대회에 나갔을 때 현장에서 독창적이고 기발한 풀이법을 생각해 내서 문제를 풀었다기보다 오랜 시간 수학 경시를 준비하면서 풀었던 수많은 문제들의 풀이법을 기억하고 있다가, 실전 문제를 마주했을 때 그에 맞는 풀이법을 적용하곤 했다.

한 예로, 중학교 3학년 때 참가했던 전국 중학생 수학 경시대회에서 이 공부법 효과를 톡톡히 봤다. 당시 시험에는 총 6개의 문제가 출제되었는데, 그동안 공부한 풀이법을 그대로 적용하면 풀렸던 문제가 무려 4~5개나 되었다. 엄청난 수학적 사고력과 창의력을 발휘하지 않더라도 기존에 풀었던 문제들의 풀이법을 기억했다가 실전에 출제된 문제에 적용하는 것만으로도 충분히 좋은 성적을 얻은 것이다. 그것도 최고 난도를 자랑하는 시험인 전국 수학 경시대회에서 말이다.

따라서 이보다 난도가 낮은 수능 수학 역시 같은 방법으로 공부하면 충분히 1등급의 성적을 받을 수 있다. 이 글을 읽는 수험생들 가운데 대부분은 수능 수학 영역에서 1등급을 받는 것은 이룰 수 없는 일이라고 생각할 것이다. 하지만 당장은 해설지를 봐도 이해되지 않는 고난도 유형의 문제들을 풀어 보고 연구하다 보면, 어느 순간 그 문제를 왜 풀어야 되는지, 왜 그러한 풀이법을 적용해야 하는지를 조금씩 이해하기 시작할 것이다.

나 역시 그런 순간이 있었고 그런 경험이 하나둘씩 쌓이자 여러 고난도 수학 문제들의 규칙적인 패턴과 공통된 풀이법이 보였다. 또 문제 유형별로 특정한 풀이법들을 자연스레 암기하게 되었다. 이와 같은 과정을 거친다면 현재 수학에 자신이 없고 수학 실력이 부족하더라도 충분히 수능 수학 1등급을 받을 수 있다.

나의 분석에 따르면 보통 수능 수학에 나오는 고난도 문제들은 100~150가지의 풀이법 패턴을 가진다. 너무 많아 보일 수 있지만 오랜 시간 성실하게 비슷한 유형의 문제들을 반복적으로 풀고 풀이법을 이해하기 위해 애쓴다면, 자신도 모르는 사이에 공통된 패턴들이 머릿속에 자리 잡게 될 것이다. 이제 남은 것은 수능 수학 시험을 볼 때, 수험생 스스로가 그동안 외워둔 풀이법 중에 재빨리 그 문제에 필요한 풀이법을 떠올릴 수 있도록 훈련하는 것이다.

예를 들어 보면, 사인법칙이나 코사인법칙 등의 공식으로 풀리지 않는 고난도의 수학 도형 문제의 경우, 도형을 x축, y축 상에 두면(이를 해석기하라 한다) 쉽게 풀리는 문제들이 있다. 이 경우 '해석기하로 기하(도형) 문제를 푸는 풀이법 패턴이 있다'라는 사실을 머릿속에 저장해두는 것만으로 킬러 문항을 어렵지 않게 풀 수 있게 된다.

한번 고난도 수학 문제의 풀이법을 이해하고 암기한 다음 짧게는 3~4일, 길게는 한 달 후에 그 문제를 다시 보았을 때

3분 안에 문제의 풀이법이 떠오르는 수준까지 연습해야 한다. 그래야 실전 시험에서도 빠르게 그 문제에 맞는 풀이법을 머릿속에서 꺼내어 문제를 풀 수 있게 된다.

영어는 무조건 단어 싸움이다

1단계 일단 단어부터 외워라

영어의 경우, 영어 단어만 100% 확실히 알아도 5개의 문제 중 3~4개 문제는 정답을 맞힐 수 있다. 완벽하게 영어 문장을 해석할 수 없더라도 그 문장에 나오는 단어의 뜻을 정확하게 알고 있다면, 그 문장이 어떤 의미인지를 어느 정도 추측해낼 수 있기 때문이다. 따라서 이 책을 읽는 수험생들 가운데 영어에 대한 기초가 약하거나 자신감이 부족해서, 어디에서부터 영어 공부를 시작해야 하는지 감이 안 잡힌다면 우선 시험 범위에 나오는 영어 단어부터 공부하도록 하자.

수험생들에게 가장 중요한 시험은 수능일 것이다. 수능 시험에 나오는 영어 단어는 1,500개 전후로 이루어져 있다. 아주 어렵거나 긴 단어는 수능이라는 시험의 특성상, 독해 지문이나 보기 등에 나오기가 어렵기 때문이다. 수능 시험보다 상대적으로 수월한 내신 시험은 더욱더 그렇다. 보통 중간고사와 기말고사로 이루어지는 내신 시험은 시험 범위가 교과서 내로 정해져 있고, 또 거기에서 시험 문제가 나오기 때문에 기껏해야 300개 단어만 확실하게 외워도 대부분의 문제를 풀 수 있다.

영어 과목에서 좋은 성적을 받지 못하는 학생들의 경우, 우선 1,500개 전후의 영어 단어가 정리되어 있는 영어 단어집(예를 들어 무려 30년째 나오고 있는 우선순위 영단어 시리즈 같은 책을 말한다)을 사서, 하루에 30개씩 하루도 빠지지 않고 꾸준히 영어 단어를 외워보자. 그러면 두 달도 되지 않아 1,500개의 영어 단어를 한 번씩 외울 수 있게 될 것이다. 그런 다음 또다시 같은 학습 과정을 반복한다. 우리의 두뇌는 용량에 한계가 있고 또 휘발성이 있기 때문에, 분명 1,500개의 단어를 하루에 30개씩 성실하게 외웠더라도 시간이 지나면서 최소한 500개 이상의 단어는 제대로 기억나지 않거나 헷갈릴 것이기 때문이다.

이를 최대한 막기 위해서는 공부한 내용을 최대한 장기 기억을 담당하는 두뇌의 해마라는 부분으로 보내야 되는데, 이를 가능하게 하는 유일하면서도 가장 확실한 방법은 반복이다. 아무리 암기의 천재여도 반복 횟수의 차이만 있을 뿐 단어와 내용을 반복해서 외우고 익혀야 한다. 그래야 어떤 시험을 보더라도, 어떤 상황에서라도 그 내용을 정확하게 두뇌에서 끄집어낼 수 있다.

따라서 이 책을 읽는 수험생들은 영어 단어를 공부하는 데 있어, 1,500개 단어를 두 달에 걸쳐 한 번씩, 적어도 일 년 내내 최소 여섯 번 이상 반복해서 암기하도록 노력하자. 그런 노력이 끝나면, 여러분은 아마 고등학교 수준, 수학능력시험 수준에서의 영어 문제는 적어도 단어를 모르거나 문장을 해석하지 못해서 풀지 못하는 경험은 거의 없을 것이다. 나 역시 그랬고 말이다.

2단계 약간의 문법을 더하라

지루하지만 가장 확실한 방법을 거쳐 약 1,500개 영어 단어를 완벽하게 암기하게 되면, 그다음으로 필요한 것은 영어 문장 전체를 자연스럽게 해석하기 위한 약간의 문법 공부라고 할 수 있다.

우리나라의 영어 교육 과정은 이상하게도 초등학교 때부터 영어 단어보다 영어의 문법적인 내용에 집중되어 있다. 영어는 어렸을 때부터 자연스럽게 사용해온 국어와는 달리, 모국어가 아닌 데서 오는 상대적인 낯설음과 어려움이 존재한다. 거기다가 영어 자체를 공부하는 것이 아니라, 영문법이라는 어렵고 딱딱한 과정을 중요시하는 교육 상황에서 상대적으로 영어를 포기하는 영포자가 많아지는 것이 슬프지만 인정할 수밖에 없는 현실이다.

하지만 내가 앞에서 얘기한 것처럼 어려운 영문법을 초기부터 공부하지 말고 영어 단어부터 짧게는 1~2달, 길게는 1년에 걸쳐 완벽하게 익혀보자. 그런 다음 익숙하고 이미 알고 있는 영어 단어가 들어간 독해 지문 속의 문장들을 통해 문법적인 내용을 공부하는 것이 영어 성적을 올리는 가장 효과적인 방법이다. 영문법 학자가 될 것도 아닌데 처음부터 문법을 어렵게 배우고 익힐 필요가 없다. 이는 앞에서 말한 것처럼 영어에 대한 거부감만 키워줄 뿐이다. 오히려 대부분 아는 단어로 이루어진 독해 지문에서 자주 쓰이는 영문법들을 그때그때 익히는 것이, 영문법을 가장 효율적으로 익히는 방법이다.

나 역시 영어 공부 초기에는 영어 문장의 5가지 형식, to 부정사의 여러 용법, 현재완료와 과거완료의 차이 등을 무작정 읽고 외우는 시도를 했다. 하지만 아무리 열심히 집중해서 외워도, 내신 시험부터 수능 시험까지 어디에도 이러한 내용의 문제는 나오지 않는다.

나는 영어 공부에 필요한 것은, 그리고 영어 성적을 올리기 위해 필요한 것은 먼저 영어 단어를 충분히 외우고, 현재완료와 과거완료, 부정사나 동명사가 어떻게 적용되어 완벽한 문장이 만들어지는지를 이해한 다음, 이를 우리나라 말로 머릿속에서 해석하는 일이라는 사실을 뒤늦게 깨닫게 되었다. 그리고 그때부터 나의 영어 성적은 공부 시간이 적었음에도 불구하고 비약적으로 향상되었다.

따라서 이 책을 읽는 여러분은 영어 공부를 할 때 문법 부분에 너무 많은 시간을 할애하지 않길 바란다. 또한 처음부터 너무 완벽하게 문법을 익히려고 노력하지 말자. 중요한 것은 영어 단어를 많이 암기하는 것이고, 그런 과정을 거치고 나서야 비로소 여러 영어 문장들을 해석하면서 제대로 된 실용적인 영어 문법 공부가 가능하다는 사실을 이해하길 바란다. 그런 과정에서 이루어지는 영어 문법 공부는 처음에 아무것도 모르고 한 공부보다 훨씬 쉽고 짧은 시간이 걸릴 것이다.

3단계 국어 실력을 길러라

영어가 아무리 어렵게 느껴지더라도, 영어 역시 미국이나 영국에서는 모국어이다. 따라서 영어 단어의 완벽한 암기와 그 이후 영어 문법의 공부만 뒷받침된다면, 시험을 볼 때 수험생의 머릿속에서 영어 문제는 사실 국어 문제와 별 차이가 없어지게 된다. 따라서 완벽한 정답을 고르기 위해 필요한 것은 아이러니하게도 영어 실력이 아니라 국어 실력이 될 것이다. 사실 국어 공부는 모든 과목의 성적을 올리는 데 가장 든든한 기초가 된다.

이제부터 영어는 다른 나라에서 쓰는 어려운 문법 구조에 낯선 단어로 가득한 어려운 과목이라는 생각에서 벗어나길 바란다. 체계적으로 계획을 세우고 노력하면 정답을 맞힐 수 있는 과목이라는 자신감을 가지고 공부에 임해보자. 그렇다면 영어는 더 이상 여러분에게 기피하고 싶은 어려운 과목이 아니라 공부하기 쉽고, 점수를 올리기 쉬운 과목이 될 것이다.

사회탐구는
암기 싸움이 아니다

대부분의 학생들이 수능 시험 직전까지도 외운 것을 잊어 버릴까 봐, 손에서 놓지 못하는 대표적인 과목이 사회탐구 과목일 것이다. 그런데 사실 수능 사회탐구는 암기 과목이 아니다.

내가 두 번의 수능 시험을 치르며 사회탐구 과목을 오래 공부하면서 터득한 사실이 있다. 한국지리, 세계사, 윤리 등의 과목들이 언뜻 보면 외울 것이 엄청 많은 암기투성이의 과목 같지만 정작 실제로 수능에서 출제된 사회탐구 기출 문제들의 대부분은 굳이 세심한 암기가 필요한 문제들이 아니라는 점이다.

　사회탐구 과목이 암기 과목이라는 인식이 생길 법도 한 것이 학교에서 치르는 내신 대비 문제집을 보면 방대한 양을 정확히 암기하고 있어야 풀 수 있는 문제가 많다. 그러다 보니 '아, 사회탐구는 암기를 많이 해야 하는구나. 저 많은 걸 어떻게 암기하나'라는 걱정으로 이어지게 된다.

　하지만 역대 수능 기출 문제들과 교육청 모의고사들을 살펴보면, 실제로 출제된 문제들의 80%는 암기를 정확하게 하지 않아도 정답을 맞히는 데 크게 무리가 없는 문제들이다. 정작 그 문제를 풀기 위해 가장 필요한 것은, 얼마나 많은 양의 내용을 정확히 암기하고 있는지가 아니다. 오히려 국어 영역 문제들처럼 문제를 정확히 읽고 출제자의 의도를 파악하는 것이 필요하다. 그러면 세세하게 암기하지 않더라도 논리적인 사고의 흐름으로 사회탐구 문제들의 정답을 찾아낼 수 있다. 심지어 이미 수능에 출제된 기출 문제를 중심으로 사회탐구 과목을 분석하고 공부하다 보면, 사회탐구 과목은 그냥 지문이 좀 짧은 국어 영역의 연장선이라는 생각이 들 정도이다.

　물론 10개의 문제 중에 2~3개 정도는 암기가 중요한 문제들도 출제된다. 하지만 대부분의 수험생들이 걱정하듯이 10개의 문제 중 8개 문제가 암기력이 정답을 가르는 문제인 것은 아니다. 그러니 이 글을 읽는 수험생들 중 타고난 암기력이 부족하다는 등의 이유로 미리부터 사회탐구 과목에서 고득점을 포기할 이유는 없다고 얘기해주고 싶다.

나의 경우 의대에 가기 위해 두 번째 수능을 볼 때는 연세대 의대를 제외한 대부분의 전국 의과 대학이 사회탐구를 반영하지 않아 세계사, 한국지리 같은 과목은 거의 공부하지 않았다. 어떤 점수가 나오더라도 큰 상관이 없었기 때문에 사회탐구 과목 자체를 그냥 포기했다고 할 수 있다.

하지만 수능을 앞두고 사회탐구 기출 문제들을 분석하면서 보니 암기투성이 과목으로 생각한 사회탐구 과목도 정작 진짜 암기로 풀어야 하는 문제들은 생각보다 많이 없다는 것을 알게 되었다. 즉, 출제자의 입장에서 생각하면 굳이 암기를 하고 있지 않더라도 문제의 정답이 수월하게 나오는 기출 문제들이 꽤 많다는 사실을 깨달은 것이다.

이러한 생각으로 수능 시험장에서 마치 국어 영역 문제를 풀 때처럼 사회탐구 과목 문제를 논리를 바탕으로 풀어나갔다. 그리고 두 번째 수능의 사회탐구 성적은 꽤 좋았다. 시험 직전까지 달달 외웠던 고등학교 3학년 때의 사회탐구 성적과도 큰 차이가 나지 않을 정도였다. 그 덕분에 애초에 사회탐구 성적이 낮으면 지원 자체를 하지 않으려 했던 연세대 의대에도 지원해서 충분히 합격할 수 있었다.

나는 첫 번째 수능 이후 무려 4년이 지나고 다시 수능을 봤다. 따라서 이 글을 읽는 여러분도 나처럼 암기할 절대적인 공부 시간이 부족하더라도 사회탐구 과목에서 충분히 고득점을 획득할 수 있다. 다른 중요한 과목들을 공부하기 위해 사회탐구 공부 시간이 부족하다면, 무작정 포기하거나 미리 걱정하지 말고, 당장 기출 문제를 펼치고 문제 유형을 파악하고 분석하는 공부부터 시작하자. 이를 통해 암기 없이도 고득점을 올리는 방법을 터득해야 사회탐구에서 효율적으로 원하는 성적을 얻을 수 있을 것이다.

다음은 이러한 분석 과정을 통해 사회탐구 과목별로 수능을 대비하기 위한 나의 노하우를 정리해 놓았다. 내용들 가운데는 사회탐구 일타강사 분들의 강의와 얘기를 들으며 알게 된 정보도 있고, 내가 스스로 공부하면서 또는 주변의 과학고 동기들과 얘기를 나누며 알게 된 것도 있다.

동아시아사, 세계사

　동아시아사, 세계사 등 주로 역사를 가르치는 과목들은 사실 암기할 부분이 가장 많은 과목이라고 할 수 있다. 각 사건들의 연도부터 그 시기에 일어난 여러 역사적 사실, 그리고 곁가지로 따라오는 여러 법 제도와 문화재들까지 나오니 말이다. 나도 암기를 싫어하는 학생이었기에 계속해서 반복적으로 꼼꼼히 외워야 하는 이 과목들이 제일 부담스럽던 기억이 있다. 이 책을 보는 여러분 중에도 암기를 어려워하고 부담스러워하는 이들이 있을 것이다.

　하지만 이 과목들이야말로 문제와 보기를 주의 깊게 읽고 반복된 경험을 통해 출제자의 입장에 서면, 약간의 암기만으로도 충분히 정답을 고를 수 있다. 이러한 방법을 터득할 수 있다면, 수능 시험을 위해 이 과목들을 공부할 때는 내신 시험을 준비할 때처럼 연도나 문화재 등을 외우느라 많은 시간과 노력을 들이지 않아도 된다.

　물론 이러한 과목들도 기본적인 암기는 당연히 필요하다. 따라서 수능이 다가오면 반드시 꼭 암기해야 하는 중요 부분만 간략하게 정리해 보자. 노트에 따로 정리해도 좋고, 교과서나 자습서에 필기와 밑줄 등을 통해 정리해도 된다. 그리고 이러한 정리본을 일주일에 한두 번 정도만 내용을 반복해서 외우면 된다. 이러한 정리본을 외울 때에는 단어 하나하나에 집착하지 말고 전반적으로 큰 흐름을 보며 비중 있는 목차나 역사적 사건을 중심으로 외우되 그 사건이 가지는 의미를 암기하지 않고 다른 사람에게 설명할 수 있을 정도로만 대략적으로 파악하면 더 좋다.

한국지리, 세계지리

한국지리와 세계지리는 비유하자면, 과학탐구 영역의 지구과학 같은 과목이라고 생각한다. 즉, 적절한 암기와 적절한 논리적 판단을 합쳐 문제를 풀어야 하는 과목이다. 이 과목들의 기출 문제를 분석해 보면, 매해 계속 반복해서 출제되는 문제가 보인다. 지도의 등고선이나 축적 문제라든지, 화산 지역에 관련된 문제들처럼 말이다.

따라서 고등학교 3학년 때부터 시험 직전까지 공부할 과목이나 양이 너무 많아 한국지리나 세계지리까지 공부하기에 여유가 없거나 암기할 자신이 없다면 미리 고등학교 2학년 때나 3학년 초반에 공부해둘 것을 권한다. 여유 있을 때 암기해두면 기출 문제를 풀 때 이를 바탕으로 좀 더 논리적으로 사고하며 답을 낼 수 있기 때문이다. 논리적으로 추론해서 답을 내는 방법을 익히는 데 걸리는 시간은 개개인마다 차이가 있겠지만, 조금만 시간을 들여 기출 문제를 분석한다면 쉽게 익숙해질 것이다.

수능 시험이 다가오면, 정해진 시간을 들여 이러한 논리적인 추론 과정에 꼭 필요한 암기 부분만 반복적으로 외우도록 한다. 예를 들어 수능 3개월 전이라면 일주일에 한 번씩만 살펴보는 것이다. 이때 암기에 걸리는 시간은 오래 걸리지 않을 것이기 때문에, 공부에 크게 부담이 되지 않을 것이다. 오히려 반복해서 암기할수록 필요한 시간은 짧아져서, 나중에 1~2시간밖에 걸리지 않게 된다.

경제, 사회·문화, 정치와 법

경제, 사회·문화, 정치와 법은 국어 영역의 문제들과 비슷한 성격을 지니는 과목들이다. 한마디로 암기의 중요성이 가장 덜한 사회탐구 과목으로 암기를 거의 하지 않아도 문제를 푸는 데 크게 어려움이 없다는 얘기이다. 심지어 기출 문제들을 분석해보면 몇몇은 암기해야 하는 여러 개념들이 문제의 짧은 지문에 그대로 주어져 있는 경우도 많다. 이 경우 국어 영역 문제처럼 빠른 시간에 지문과 문제를 정확히 읽고 해석할 수 있다면 정답을 맞힐 수 있다. 즉, 문제를 푸는 것은 수험생의 논리적인 풀이에만 전적으로 달려 있다는 뜻이 된다.

따라서 만약 국어 문제 중 논리적인 풀이 과정이 주를 이루는 비문학 독해 문제에 자신이 있고, 상대적으로 암기는 자신 없거나 하고 싶지 않은 수험생이라면 선택과목으로 이 과목들을 고르는 것을 추천한다. 대신에 여러 기출 문제들을 하나하나 꼼꼼하게 분석하면서 마치 국어 영역처럼 출제자의 입장에서 문제를 분석하고 답을 유추하는 능력을 기르는 데 힘을 쓰자. 그러면 어렵지 않게 수능 시험에서 정답을 골라낼 수 있을 것이다. 또 나아가 1등급의 고득점도 충분히 가능할 수 있다.

생활과 윤리, 윤리와 사상

마지막으로 생활과 윤리, 윤리와 사상은 중간 난이도 정도의 암기와 국어 영역 풀이법을 동시에 요구하는 과목들이다. 소위 말해서 팔방미인들, 즉 적절한 암기력과 지문 분석력을 다 가진 학생들이 상대적으로 손쉽게 높은 등급을 받을 수 있는 과목이다. 이는 다르게 얘기하면 암기와 논리적 분석력, 두 가지를 고루 갖춰야 되는 과목이므로 다른 사회탐구 과목들에 비해 상대적으로 난도가 높은 과목이라는 의미이기도 하다.

따라서 자신이 암기도 잘하고 어느 정도 시간도 투자할 수 있으며 분석력도 뛰어난 상위권 학생이라면 상대적으로 높은 표준점수를 위해 이러한 과목들에 도전해볼 만하다. 의대나 치대, 또는 서울대 등 최상위권 학생들이 주로 지원하는 학교와 과에 지망하는 이들은 단순히 1등급이 아닌, 상대적으로 더 나은 표준점수를 목표로 하는 경우가 많다. 따라서 이러한 학생들이 이 과목들을 선택과목으로 정한다면, 다른 사회탐구 과목에서 같은 점수를 받은 학생들에 비해 상대적으로 높은 표준점수나 등급을 얻어 목표로 하는 대학과 학과에 지원하는 데 유리한 위치를 선점할 수 있다. 하지만 암기력과 논리적인 문제 분석력 중 어느 하나라도 부족하거나, 사회탐구의 여러 과목들에 들일 시간이 상대적으로 부족한 학생이라면 가급적 다른 사회탐구 과목을 전략적으로 선택하기를 권한다.

과학탐구는
논리력으로 무장하라

과학탐구 영역은 사실 공부법 자체는 수학 공부법과 크게 차이가 없다. 물론 과목의 특성상 물리학과 화학은 논리적인 사고력이 더 필요한 수학적인 성향이 강하고, 생명과학과 지구과학은 암기 능력이 더 필요한 사회탐구 성향이 강하다. 하지만 큰 틀에서 이 네 과목 모두 수학 공부하듯이 논리적이고 합리적인 사고력만 미리 충분히 길러두고 대비하면 실전 수능에서도 충분히 좋은 점수를 받을 수 있다. 특히 물리학이나 화학은 고등학교 3학년이 되기 전에 미리 탄탄하게 공부해 두면 3학년 때는 감각만 유지해도 수능을 볼 때까지 안정적인 점수가 유지되는 과목이다. 생명과학이나 지구과학도 얼핏 보면 암기할 게 많은 과목이라는 생각이 들겠지만, 기출 문제를 분석하다 보면 암기보다는 논리적이고 합리적인 판단으로 정답을 알아낼 수 문제들이 대다수인 것을 확인할 수 있다.

따라서 과학탐구 영역도 공부할 때, 사회탐구 과목처럼 무조건 암기에 주력하기보다 꼭 필요한 중요 내용만 짧은 시간 효과적으로 암기하고, 이를 바탕으로 한 논리적 사고력으로 문제를 푸는 데 중점을 둬야 한다. 정작 실전 수능 문제에서는 암기를 얼마나 정확하게 많이 했느냐보다, 문제에 주어진 여러 내용을 통한 논리적인 사고력이 정답을 맞히는 데 필요하기 때문이다.

이러한 논리적 사고력은 기출 문제에 대한 면밀한 분석을 통해 기를 수 있다. 그동안 출제된 방대한 양의 기출 문제를 통해 공통적으로 꼭 암기해야 하는 개념이나 내용을 분별하고, 이를 반복적으로 복습할 것을 추천한다. 물론 이때도 암기의 내용은 단순히 문제 자체에 그치지 않고 문제에 나오는 지문, 보기 그리고 정답지의 해설까지 꼼꼼하게 읽으면서 선정해야 한다. 정답을 맞힌 문제더라도 해설을 따라가며 어떤 논리로 답을 냈는지 그 흐름을 분석해 추론 과정을 완벽하게 내 것으로 만들어야 한다. 이런 과정을 반복해야 과학탐구 문제 풀이에 필요한 사고력과 판단력을 갖출 수 있다.

물리학

물리학은 과학탐구 과목 중에서 수학과 흡사한 면이 많은 과목이다. 암기가 필요한 부분은 거의 없고, 있더라도 수학 공식처럼 이해를 바탕으로 한 암기가 대부분이다. 그래서 수학처럼 미리 충분한 시간을 들여 이해하고 분석해서 실력을 쌓아두면 고등학교 3학년 내내, 주 1회 정도 실전 문제를 풀어서 감을 유지하는 것만으로 실제 수능에서 충분히 고득점이 가능하다.

나 역시 이러한 물리학을 선택과목으로 선택해서 고등학교 3학년 때는 물리학에 거의 공부 시간을 할애하지 않았다. 이미 고등학교 2학년 때까지 쌓아둔 실력만으로도 높은 점수를 유지할 수 있었기 때문이다. 하지만 수학처럼 꽤 오랜 시간을 들여 실력을 쌓아야 한다는 점은 큰 단점이라고 할 수 있다.

따라서 물리학을 선택한다면 고등학교 1학년 때부터 2학년까지 2년간 물리학에 충분한 시간을 투자할 수 있어야 한다. 자신의 적성이 물리학이 아닌데 점수 때문에 선택하게 되면 고등학교 3학년 내내 물리학 때문에 스트레스를 받을 가능성이 꽤 높다. 나처럼 암기보다 논리적으로 사고하는 능력이 뛰어나 상대적으로 빠르게 실력을 쌓을 수 있는 학생들만, 물리학을 과학탐구의 선택과목으로 정하길 바란다. 실제로 이러한 진입장벽 덕분에 물리학을 선택한 학생들은 다른 과목을 선택한 학생들에 비해 같은 점수를 받더라도 표준점수를 올리거나 높은 등급을 받는 데 유리할 수 있다.

요약하자면, 수학처럼 고등학교 3학년이 되기 전에 긴 시간을 들여 충분한 실력을 쌓을 자신이 있는 상위권 학생들만이, 전략적으로 물리학 과목을 선택하는 것을 추천한다. 즉, 상위권 학생이 최상위권이 되기 위해 선택해야 하는 과목이 바로 물리학인 것이다.

물리학 과목 공부 방법에 대해 구체적으로 알아보자. 수능 과목으로서 물리학을 정복하는 방법 또한 수학 정복법과 대동소이하다. 유일한 차이점이라면 수학처럼 범위가 넓거나 많은 문제가 나오지 않기 때문에 수학의 킬러 문항처럼 설사

난도가 있는 문제더라도, 지레 겁먹거나 포기하지 않아도 된다는 점이다. 고난도 문제더라도 특정 범위에 있는 문제가 반복적으로 자주 출제되는 경향이 강하기 때문에, 개념을 잘 익혀두고 관련 기출 문제를 철저하게 분석해서 풀어두면, 어렵지 않게 정답을 맞힐 수 있다.

학생에 따라서는 1년 안에 충분히 물리학 과목을 완벽하게 정복할 수 있을 만큼 물리학의 시험 범위는 그렇게 넓지 않다. 따라서 논리적인 사고 능력을 갖춘 학생이라면 기타 다른 과학탐구 과목들에 비해 상대적으로 시험 범위가 좁은 물리학을 공부하는 데 큰 어려움을 느끼지 않을 것이다. 오히려 암기해야 하는 범위가 좁아서 상대적으로 쉬운 과목이 될 수도 있다.

예를 들어 '빛과 파장'은 물리학을 좋아하고 잘하는 학생이어도 대부분 낯설어하고 어려워하는 단원이다. 그런데 수능 물리학에서 이러한 빛과 파장 단원에서 출제되는 문제의 범위는 몇 가지 대표적인 문제로 거의 정해져 있다. 예를 들면 '콤프턴 효과' 문제가 그렇다. 빛과 파장이라는 물리학의 개념에 대해 완벽히 이해하지 못했더라도 '콤프턴 효과'에 대해 암기 과목처럼 철저하게 외우고, 기출 문제에 나오는 여러 사례를 익혀두기만 한다면, 실전 수능에 나오는 '콤프턴 효과' 관련 문제를 쉽게 맞힐 수 있다.

정리하자면, 물리학의 경우 모든 시험 범위를 완벽하게 이해하고 암기할 필요 없이 기출 문제 분석을 통해, 특정 단원에 꼭 출제되는 특정 개념에 대한 문제만 철저하게 분석한다. 그런 다음 이해를 통한 암기로 학습하면 해당 단원의 방대한 개념과 문제를 굳이 다 공부할 필요 없이 고득점을 올릴 수 있다.

화학

화학은 과학탐구의 과목 중 암기가 꽤 중요한 과목이다. 그런데 수능 화학에 나오는 문제들은 의외로 단순 암기로는 바로 풀기 어려운 문제들이 많다. 좋은 성적을 얻기 위해서는 암기도 열심히 해야 할 뿐만 아니라 각종 실험 상황에 대해 논리적인 판단과 사고력을 토대로 한 화학적인 고찰 능력까지 갖춰야 한다.

처음에는 분명 주기율표로 대표되는 방대한 암기량 때문에 꽤 고생을 할 수 있다. 하지만 그 이후에는 수학처럼 암기 자체를 이해하면서 스스로에게 맞게 체화시키면 된다. 그러면 화학 역시 고등학교 3학년 때 그렇게 많은 시간을 할애하거나 반복 학습을 하지 않아도 된다.

수학을 좋아하고 잘하는 학생 가운데 물리적인 사고력이 상대적으로 부족하거나 적성에 맞지 않는 학생들은 화학을 선택하길 권한다. 그렇다면 고등학교 3학년 시기 동안 다른 과목을 공부할 시간을 꽤 많이 벌 수 있을 것이다.

생명과학

생명과학은 과학탐구 과목 중 암기의 비중이 가장 높다. 물론 생명과학도 과학의 한 분야이기 때문에 주어진 실험 상황이나 문제에 제시한 단서들을 보고 논리적으로 풀 수 있는 문제도 있다. 하지만 80% 이상의 문제들은 우선 철저하게 많은 양의 내용을 정확하게 암기해야 풀 수 있는 문제들이다.

그래서 보통 생명과학을 선택하는 학생들은 이과생들 중에서도 상대적으로 논리적인 사고력이 부족하거나 고등학교

1,2학년 때 수학이나 영어에 많은 공부 시간을 투자하느라 물리학이나 화학 같은 과목에 집중할 시간이 없는 이들이다. 따라서 비교적 많은 학생들이 생명과학을 선택해 3학년 시기 집중적으로 공부한다. 이 때문에 어느 정도 진입장벽이 있는 물리학, 화학과 달리 생명과학의 경우 한두 문제를 틀리면 바로 표준점수나 등급이 떨어진다.

생명과학을 선택하여 고득점을 받기 원한다면 수능 시험 직전까지도 반복적인 암기와 학습을 통해 절대 한두 문제도 틀리지 않겠다는 마음가짐으로 공부해야 한다. 생명과학은 그해의 난이도에 따라 조금 다르기는 하지만 보통 매해 한두 문제 차이로 1~2등급이 갈리는 경우가 많다. 또한 다른 과목에 비해 상대적으로 암기의 휘발 정도가 높다. 수학이나 물리학, 화학 같은 과목들에 비해 빠르고 쉽게 정복할 수 있는 과목이지만, 그렇기 때문에 조금이라도 암기에 소홀하거나 공부에 방심할 경우 빠르게 성적이 하락할 수도 있는 과목임을 잊지 말자.

지구과학

　지구과학은 물리학과 화학의 중간쯤에 있는 과목이라고 생각하면 된다. 약간의 암기를 바탕으로 높은 사고력과 추론으로 풀 수 있는 문제들이 실제 기출 문제들의 반 정도이고, 많은 양의 암기를 바탕으로 약간의 사고력과 추론으로 풀 수 있는 문제들이 나머지 반 정도이다.

　그런데 지구과학에 나오는 여러 이론과 개념들은 물리학에서 가르치는 내용과 겹치는 부분들이 절반 정도이고, 화학에서 가르치는 내용과 유사하거나 겹치는 부분들이 절반 정도이다. 그래서 물리학이나 화학을 중심 선택과목으로 정한 학생들이 나머지 한 개의 선택과목을 고를 때, 상대적으로 암기량이 많은 생명과학보다는 지구과학을 선택하는 경향이 있다.

　하지만 물리학이나 화학을 충분하게 오랫동안 공부해서 실력을 기른 학생들만이 지구과학 성적을 쉽게 올릴 수 있다. 따라서 자신이 물리학 또는 화학 과목 실력이 충분한지 냉정하게 생각해볼 필요가 있다. 만약 실력이 부족하다면 상대적으로 지구과학보다는 집중적인 공부를 통해 빠르게 성적을 올릴 수 있는 생명과학을 선택하기를 추천한다.

물론 지구과학도 물리학이나 화학에 비하면 고등학교 3학년 동안 집중적인 공부와 훈련으로 빠른 성적 향상이 가능한 과목이긴 하다. 실제로 많은 수험생들이 물리학이나 화학보다는 지구과학을 선택과목으로 시험을 치르고 있다. 하지만 개인적으로 어느 정도 기본 실력이 쌓인 상위권 수험생이라면 지구과학을, 기본 실력이 상대적으로 부족한 중하위권 학생이라면 생명과학을 선택하는 것이 실제 수능 성적에는 좀 더 도움이 된다고 생각한다.

과학탐구 3단계 공부법

과학탐구를 공부할 때 가장 효과적인 방법이라고 생각하는 것은 앞서 3부에서 설명한 3단계 공부법이다. 수능 같은 시험 공부를 할 때 겪는 가장 큰 어려움은 시험 범위가 너무 방대하다는 것이다. 일반적으로 내신 시험의 경우 시험 범위가 많더라도 교과서 절반 정도의 분량이고, 또 범위가 명확하게 정해져 있어서 공부하려는 의지만 있다면 시간을 들여 완벽하게 공부하는 것이 가능하다. 하지만 수능은 그 범위가 내신 시험에 비해 훨씬 방대하다. 따라서 시간이 상대적으로 부족한 학생이라면 3단계 공부법을 적극적으로 활용해볼 것을 권한다.

1단계 밑줄을 그어라

내용이 광범위하고 난도가 높은 과목일수록 기출 문제를 정확히 분석하고, 자주 출제되는 항목이나 내용을 교과서나 자습서에 밑줄 등으로 표시한다.

전 범위를 샅샅이 정독하고 완벽하게 익힐 시간이 부족한 수험생이라면, 무작정 두꺼운 교과서나 자습서를 보는 대신에, 수능 기출 문제를 보면서 자주 나오고 중요한 부분들을 교과서나 자습서에 형광펜이나 색연필 등으로 표시하는 것을 최우선으로 한다.

처음에는 이러한 시간이 무의미하거나 지루하게 느껴질 수도 있다. 하지만 이를 통해 자신이 공부하는 과학탐구 과목에서 자주 출제되고 중요한 부분들과 상대적으로 덜 중요하고 출제 빈도가 낮은 부분들을 선별하는 실력을 갖추게 된다. 이러한 부분들을 표시하면서 빠르게 중요한 부분들을 읽게 되는 효과도 누릴 수 있다.

이러한 과정을 통해 막막하기만 한 넓은 시험 범위의 내용들을 적어도 절반 정도로 줄일 수 있다. 절반은 공부하지 말고 버리자는 것이 아니라 최우선으로 공부해야 하는 부분들부터 학습하기 위해 두꺼운 교과서나 자습서를 분권화하는 작업을 먼저 해야 한다는 의미이다. 이러한 작업을 거치고 나면, 너무 넓은 범위 때문에 막막하기만 한 공부의 시작이 한결 구체적이고 현실적으로 느껴지게 될 것이다. 이 과정을 거친 다음 2단계 공부로 넘어가길 바란다.

2단계 단기 기억에서 장기 기억으로

형광펜 등으로 표시한 출제 빈도가 높은 부분들만 최대한 빠른 시간 집중력 있게 정독한다. 단, 정독을 하면서 동시에 기출 문제를 같이 푸는 시간을 가지도록 하자.

이번 단계에서는 1단계에서 공들여 정리한 광범위한 시험 범위 가운데 꼭 공부해야 하는, 출제 가능성이 높은 부분들만 집중해서 정독하는 시간을 가지도록 한다. 그 부분들은 단순 암기 파트가 될 수도 있고, 물리학이나 화학 문제처럼 논리적인 사고력과 계산을 요구하는 부분일 수도 있다. 중요한 것은 광범위한 시험 범위가 반 이하로 줄어든 만큼, 이 부분에 대해서는 집중력 있게 공부하여 이 범위의 내용이 실전 시험에 출제되었을 때 무조건 정답을 맞힐 수 있는 실력을 만드는 것이다.

이때 약간의 노하우가 필요하다. 무작정 교과서나 자습서의 내용을 반복해서 읽는 것만으로는 100% 정답을 맞힐 정도로 공부했다고 하기는 힘들다. 완벽하게 내용을 내 것으로 만들기 위해서는 먼저 집중해서 특정 단원의 내용을 익힌 후, 다시 그 내용이 출제된 기출 문제로 돌아가 풀어보는 과정이 필요하다. 몇 분 전에 본 내용이지만 그것이 문제로 출제되면, 개념 자체가 헷갈리거나 외운 내용 자체가 금방 휘발되어서 제대로 기억이 안 나는 경우가 많을 것이다. 나의 경험상 이러할 때는 단순히 같은 내용을 반복해서 읽는 것보다, 구체적인 문제를 통해 머릿속에 다시 한 번 내용을 정리해서 집어넣는 것이 훨씬 더 효과적이다.

예를 들어 물리학에서 중력 가속도에 대한 개념을 익히고 그 부분에 대해 자습서의 내용을 정독한다고 해서, 실전에서 출제되는 중력 가속도와 관련된 문제를 완벽하게 맞힐 수는 없다. 따라서 내가 배운 중력 가속도에 대한 개념이나 특징이 실전 기출 문제에서 문제의 정답을 맞히는 데 어떤 식으로 작용하는지에 대해 정확히 알아보는 과정이 필요하다. 중력 가속도를 야구선수가 던진 야구공에 적용한다든지, 지구와는 중력이 다른 달과 비교하는 문제에서 변형시켜 중력 가속도를 적용한다든지 등의 내용은, 실제 기출 문제를 통해 익히지 않고서는 불가능한 과정이다. 그리고 이러한 과정을 통해 중력 가속도의 개념과 쓰임에 대해, 단순히 자습서 등에 실린 설명을 읽는 것보다 더 정확하고 세밀하게 머릿속에 집어넣을 수 있게 된다.

이는 논리적인 분석을 요구하는 과목뿐만 아니라, 단순 암기를 필요로 하는 과목에서도 그대로 적용된다. 특히 자세하고 정확하게 암기해야 비로소 정답을 맞힐 수 있는 생명과학 같은 과목의 경우 기출 문제에 나오는 범위만으로 전체 범위를 줄여도, 특정 단원에 나오는 모든 내용을 샅샅이 외우는 것은 불가능에 가깝다. 심지어 다 외우더라도, 시험 기간이 다가오면서 반복해서 복습하지 않으면, 분명 잊어버리는 부분들이 생긴다.

하지만 기출 문제들로 특정 단원의 공부를 시작하면, 실제 출제된 문제에 나오는 부분들을 자연스럽게 한 번 더 익힘으로써 복습을 할 수 있다. 또 단순히 줄글을 지루하게 읽는 과정이 아니라 문제와 보기를 통해 관련 단원의 내용을 공부함으로써, 우리 두뇌로 하여금 그 부분의 내용을 좀 더 정확하고 효과적으로 받아들이도록 만들어줄 수 있다. 의학적인 전문 내용을 빌려 설명하면, 우리 대뇌의 기억 중추라고 할 수 있는 해마를 이러한 문제 풀이를 통해 활성화시켜, 좀 전에 익힌 내용을 두뇌의 단기 기억을 관장하는 부위에서 장기 기억을 관장하는 부위로 자연스럽게 이동시킬 수 있는 것이다. 그리고 이렇게 장기 기억을 관장시키는 두뇌의 부위로 이동한 공부 내용은 복습을 하지 않아도, 장기간 쉽게 잊히지 않는다.

나는 이러한 복잡한 두뇌의 기억 메커니즘을 의대에 다니기 전에는 알지 못하였다. 하지만 다년간 공부하면서 먼저 교과서나 자습서를 통해 해당 단원의 개념을 익히고, 관련된 문제를 풀면서 다시 한 번 개념을 다지는 공부 방법이 상당히 효과적이라는 사실을 경험적으로 깨달았다. 그리고 의대에서 신경과학에 대해 전문적으로 공부하면서 이러한 공부 방법이 의학적으로 충분한 논거를 가지고 있다는 사실을 알고 꽤 신기했던 기억이 있다.

따라서 이 책을 읽는 여러분도 과학탐구 과목뿐만 아니라 사회탐구 과목 등을 공부할 때도 무작정 자습서의 개념을 반복해서 줄글 읽듯이 읽기보다, 집중해서 개념들을 한 번 읽고 익힌 후에, 그 개념이 출제된 실제 기출 문제를 풀어보도록 하자. 좀 전에 읽은 단원의 내용들이 다 기억나서 기출 문제를 풀 수 있다면 가장 좋겠지만, 그렇지 않더라도 실망하거나 당황하지 말고, 다시 한 번 자습서를 통해 해당 단원의 내용을 보면서, 문제의 정답을 맞히는 데 중점을 두는 것이 필요하다.

이러한 과정을 통해 자신도 모르게 해당 단원의 내용에 대해 이중, 삼중으로 두뇌의 기억을 담당하는 부분을 자극하게 될 것이고, 자연스레 이후 같은 단원의 문제를 풀 때도 공부한 내용들이 머릿속에 떠오르게 될 것이다. 중요한 점은 단순히 문제를 많이 푸는 것도, 개념을 설명한 부분을 반복해서 여러 번 읽는 것도 아니라, 그 둘의 적절한 조화라는 사실을 꼭 기억하기를 바란다.

정리하자면 우선 개념을 설명한 부분을 집중해서 읽고, 그 개념과 관련된 기출 문제를 풀며, 다시 한 번 개념의 내용을 읽으면서 머릿속에 장기 기억으로 치환해서 집어넣는 방법이 가장 가성비 좋은 공부 방법일 것이다.

3단계 지루함을 버텨라

이제 표시하지 않은 부분의 내용도 정독해서 읽도록 하자. 물론 이때 출제 빈도가 높아서 표시한 부분은 2,3회 반복해 읽어서 반드시 장기 기억으로 치환할 수 있도록 하자.

이러한 과정이 끝나면 출제 빈도가 잦은 중요한 부분의 내용은 어느 정도 머릿속에서 장기 기억으로 치환되어 다음번에 다시 문제를 풀거나 내용을 보더라도 대부분 기억나는 상태일 것이다. 이런 상황에서 이제는 다시 한 번 과목의 처음 부분으로 돌아가 1단계에서 표시해두지 않은, 즉 출제 빈도가 낮은 부분까지 포함해서 전체 부분을 정독하는 시간을 가지도록 하자.

물론 이때 2단계에서 읽은 출제 빈도가 잦은 중요한 부분도 당연히 포함하여야 한다. 어떤 의미에서는 이 부분을 읽을 때 더 집중해야 한다. 그래서 3단계 공부가 끝났을 때는 1단계에서 표시해둔 중요 부분들은 거의 완벽하게 장기 기억으로 치환되어, 오랜 시간이 지난 후 문제를 풀 때도 막힘없이 머릿속에서 해당 내용과 정답이 떠오르는 정도가 되어야 한다.

　　이 3단계 과정이 어떻게 보면 전체 공부의 과정 중 가장 오랜 시간이 걸리고, 가장 지루하고 힘든 과정이 될 가능성이 높다. 이미 1~2단계를 통해 어느 정도 익힌 중요 부분의 내용을 다시 다지면서, 처음으로 보는 중요하지 않은 부분의 내용까지 정독해야 하기 때문이다. 하지만 이 3단계의 과정이 어떻게 보면, 그 과목 공부의 완성도를 결정하는 데 가장 중요한 부분이다.

　　따라서 오랜 시간이 걸리고 힘이 들더라도 이 과정을 인내심을 발휘해 최선을 다할 것을 당부한다. 특히 과학탐구처럼 변별력이 있을 수밖에 없는 과목의 경우, 다른 사람들 대부분이 푸는 문제를 실수 없이 풀고, 거기에 다른 사람들이 상대적으로 틀릴 가능성이 높은 문제를 푸는 사람만이 상위권, 즉 1등급의 성적을 얻을 수 있기 때문이다.

이 3단계 과정은 나 역시 의사 국가고시를 공부할 때든 수학능력시험을 준비할 때든 늘 힘들고 괴로웠기에, 별다른 노하우나 요령이 없다는 점을 분명히 말해둔다. 인생도 마찬가지겠지만 공부에도 버텨야 하는 시기가 분명히 있고, 버티면 그 시기는 분명히 지나가기 마련이다. 3단계 과정이 지루하고 힘들게 느껴지더라도 이 시기를 잘 버티면 공부의 다른 차원이 열린다는 점을 기억하길 바란다.

4단계 빠르게 다지는 시간

3단계까지의 공부가 완성되면, 주기적으로 1~3단계의 반복을 통해 공부의 완성도를 시험 직전까지 균형 있게 다져가도록 한다.

3단계의 지루한 과정을 끈기 있게 버텨서 끝내면, 그 과목의 공부는 어느 정도 완성도 있게 이루어졌다고 봐도 된다. 즉, 바로 당장 시험을 보더라도, 또는 1~2주 후에 시험을 보더라도 상위권의 성적을 획득할 정도의 실력은 갖추게 된 것이다. 하지만 중요한 것은 인간의 두뇌는 저장 용량의 한계가 있기 때문에 시간이 지날수록 점차 중요한 개념들을 머릿속에서 잊어버리게 된다는 점이다. 따라서 여러 과목을 공부해야 하는 시험의 특성상, 면밀하게 반복할 수 있는 스케줄을 짜고, 주기적으로 4단계 공부, 즉 1~3단계를 반복하면서 공부의 완성도를 점차 올리는 '다지는 단계'가 필요하다.

이렇게 얘기하면 누군가는 4단계는 1~3단계를 다시 반복하는 것이기 때문에, 훨씬 더 시간이 많이 걸리고 힘든 과정이 아니냐고 반문할지도 모른다. 하지만 이미 1~3단계를 충실히 오랜 시간을 들여서 지나왔다면, 4단계 과정은 처음 1~3단계 때보다 훨씬 더 빠를 것이고, 학습 효율은 더 올라가 있을 것이다.

나의 경우 처음 1~3단계를 할 때 걸린 공부 시간이 3개월이었던 과목의 경우, 그 후 4단계를 할 때는 2주밖에 걸리지 않았고, 2달 후 다시 할 때는 불과 일주일밖에 걸리지 않았다. 내가 공부하는 속도가 유독 빠르거나 암기 능력이 뛰어나기 때문이 아니라, 인간의 두뇌는 반복된 학습에 빠른 속도로 반응하게 되어 있기 때문이다. 따라서 이 글을 읽는 모든 수험생들도 자신도 놀랄 정도의 속도로 1~3단계의 반복이 가능할 것이고, 짧은 시간 내에 내용과 문제 풀이 방법을 빠르게 익히고 다지게 될 것이다.

중요한 것은 여러 과목의 4단계 과정을, 정해진 시험 일정을 앞두고 효과적으로 배치하는 일이며, 이는 수험생 개개인이 어떤 과목을 어려워하느냐에 따라 달라질 것이다.

다시 학생으로 돌아가 공부한다면

주변을 보면 많은 학생들이 왜 공부를 해야 하는지 잘 모른 채 공부를 하고 있는 경우가 많다. 나 역시 학창 시절에는 어머니의 높은 교육열에 못 이겨 공부한 적이 있었다. 하지만 공부의 필요성을 깨닫고 스스로 동기 부여를 하고 나서는 공부를 대하는 태도나 열정이 달라졌다. 또 성인이 되고 난 이후에는 왜 학창 시절에 공부가 필요한지를 더욱 절실하게 깨닫게 되었다.

나는 이 책을 읽는 모든 사람들이 나보다 일찍, 그냥 학생이기 때문에 해야 하는 공부가 아닌, 진짜 공부를 해야 하는 이유와 그 가치를 깨닫게 되기를 바란다. 그러기에 내가 오랜 세월 공부하며 느낀 공부의 가치를 나누고자 한다. 나의 이야기가 여러분의 마음에 닿을 수 있기를, 그래서 조금 더 능동적으로 공부에 전념할 수 있게 되기를 바란다.

우리가 공부하는 진짜 이유

우선 자신이 지금 왜 책상 앞에 앉아 있는지에 대해 한번 진지하게 생각해보기를 바란다. 누군가는 자신이 공부하는 이유가 오로지 시험에 합격하기 위해, 원하는 대학이나 학과에 진학하기 위해, 또는 어떠한 진로나 직업을 얻기 위함이라고 생각할 수 있다. 이러한 유형의 결과를 내야만 오랜 시간 공부에 매진한 것에 대한 의미와 보람을 찾을 수 있다고 말이다.

하지만 이 책을 읽는 누구보다 오랜 시간 학교에 다니고, 여러 차례의 크고 작은 시험을 치러본 나의 생각은 다르다. 물론 공부를 하는 데 있어 그 공부의 결과라고 할 만한 좋은 성적을 얻거나 합격을 하는 것은 매우 중요한 과정이자 중대한 목표라고 할 수 있다. 하지만 그것만이 공부를 하는 진정한 이유일까?

나는 공부가 꼭 좋은 성적, 좋은 대학, 좋은 직업을 위해 존재하는 것이 아니라는 사실을 이야기해주고 싶다. 초중고등학교 12년 동안 학교에 다니며 배우는 경험은 우리 모두가 각자의 인생을 살아가는 데, 또 스스로를 책임지는 어른이 되는 데 큰 양분이 된다.

자신이 하고 싶은 일이 학교 공부와는 전혀 관련 없어 보여서 공부하는 것이 시간만 허비하는 일이라고 생각한다면, 그것은 크나큰 착각이다. 자신의 꿈이 운동선수나 연예인이더라도 학생으로서 기본적인 공부를 해야 한다는 의견에는 변함이 없다. 한 유명 기획사의 경우 아이돌 연습생들에게 학교 성적도 어느 정도 유지해야 한다는 규정을 두고 있다고 한다. 이 기획사는 청소년 시기에 공부가 진로 선택, 그 이상의 의미가 있다는 사실을 알고 있는 것이다.

우리가 공부에 쏟는 시간과 노력은 자신도 모르는 사이에 인생에 큰 의미를 가져다주고 또 실질적인 도움이 된다. 예를 들어 국어나 영어 같은 과목은 앞으로 어떤 일을 하든 필수로 갖춰야 할 기본 지식과 의사소통 능력을 향상시킨다. 여러분이 창업을 하더라도 마케팅의 기본은 바로 커뮤니케이션 능력이므로 언어 공부는 필수다. 수학은 흔히 학교를 졸업하고 나면 써먹을 일이 없다고 생각하기 쉽다. 하지만 수학을 공부할 때 길러지는 인내력과 논리적인 사고력, 그리고 성실성 등은 어떤 진로나 직업을 선택하더라도 그 사람의 기본적인 실력이 된다. 나는 그것을 내공이라고 부르고 싶다. 역사, 세계사, 미술 같은 과목들도 마찬가지다. 그 공부에 들인 시간과 노력이 헛되지 않을 만큼 충분한 의미가 공부를 하는 동안 생겨난다. 분명한 것은 어떠한 공부든 공부는 우리를 성장시킨다는 사실이다.

무의미한 공부는 없다

나는 가끔 초중고 학생들을 위한 강연에서 공부를 하는 과정을 원하는 목적지에 가기 위해 고속도로를 닦는 과정에 비유하곤 한다. 원하는 목적지가 공부와는 거리가 멀어 보이더라도 초중고등학교 12년간 공부에 들인 노력과 시간은 최종 목적지에 좀 더 빨리, 좀 더 수월하게 도달하기 위한 좋은 고속도로 역할을 해줄 것이라는 의미이다. 이는 나의 경험을 되돌아봐도 틀림없는 사실이다.

학창 시절 음악이나 미술, 세계사 같은 과목은 내 적성과 거리가 멀었고, 또 공부했을 때 별다른 의미나 보람도 찾지 못했다. 하지만 성인이 되어 특정 지역의 박물관에 가거나 다양한 사람들과 소통하게 될 때 나도 모르게 떠오르는 음악이나 미술, 역사적 지식들이 직간접적으로 많은 도움이 되었다. 치과의사이자 개업의로서 삶에 집중하는 요즘 가끔 진료와 일에 지칠 때가 있다. 그럴 때 음악을 듣거나 미술을 감상하며 스스로를 위로하는데 그때 공부한 지식들이 이러한 감상에 큰 도움이 된다.

'단순히 좋은 성적을 얻기 위해 공부했는데, 그때 학습한 내용이 20여 년이 지나서 이런 식으로 나에게 도움이 되는구나'라고 느끼는 적도 꽤 많다. 학교에서 배우는 내용이 그 당시 바로 좋은 성적이나 합격이라는 성과로 나타나지 않을 수도 있다. 하지만 그렇더라도 여러분의 긴 인생에서 어떤 식으로든 도움이 되고, 그것은 때때로 인생에서 결정적인 것이 될 수 있다.

이처럼 절대 무의미한 공부는 없다. 만약, 지금 다시 학생으로 돌아갈 수 있다면, 나는 다른 무엇보다도 '무의미한 공부는 없다'는 말을 계속해서 되새기면서, 어떤 과목이든 어떤 시험이든, 열심히 최선을 다해 공부했을 것이다. 그런 자세로 한 공부는 결과와 상관없이 그 이후의 긴 인생에 언젠가는 큰 도움이 될 것이기 때문이다.

공부를 열심히 하지 않는 진짜 이유

"왜 공부를 열심히 하지 않니?"

나는 학원에서 강의를 하거나 과외를 할 때 학생들에게 이렇게 질문하곤 했다. 그러면 다음과 같이 답변하는 학생들이 많았다.

"저는 공부로 돈 벌 능력은 없는 것 같아요."
"공부는 진짜 제 적성이 아니에요. 공부를 잘해야 하는 직업을 선택할 계획도 없고요."
"제가 원하고 즐거워하는 것을 지금 하고 싶어요. 공

부는 잘하는 애들만 하면 되는 거죠."

하지만 나는 이러한 말들이 핑계에 불과하다고 생각한다. 지금 당장 어려운 공부를 하는 대신 놀고 싶은데, 사실대로 말하면 스스로가 너무 나태하고 초라해 보이기 때문에 그렇게 둘러대는 것뿐이다.

"저는 뷰티 아티스트가 되고 싶어요. 공부를 하는 것보다 화장법이나 유행 트렌드에 대한 감각을 기르는 데 시간을 쓰고 싶어요."
"쇼 호스트가 꿈이에요. 다들 제가 말을 잘한다고 하고 분위기도 잘 띄운대요. 그래서 제품을 매력 있게 보이도록 말하거나 카메라 앞에서 호감도를 높이는 연습을 더 하고 싶어요."

공부를 하지 않는 학생들 가운데 일부는 자신의 인생을 건 꿈을 위해 투자할 시간도 모자란다고 말한다. 반은 맞고 반은 틀리다. 한 분야에서 독보적으로 성공하기 위해서는 남들보다 더 노력해야 하는 것은 맞지만 시간을 쪼개서라도 학교 공부를 한다면, 여러분이 진정으로 바라는 분야나 앞으로의 긴 삶에서 득이 되면 되었지, 실이 될 일은 없을 것이다.

익숙한 격언처럼 공부는 절대 그 결과물을 남에게 주지 않는다. 공부만큼 시간이 지나고 보면 아깝지 않은 것이 없다. 이는 몇 살에, 어떤 환경에 있을 때 했더라도 마찬가지이다. 이 책을 보는 여러분이 공부를 잘하든 못하든, 남자든 여자든, 집안 환경이 좋든 그렇지 않든, 좋은 대학 인기 과에 가고 싶든 대학에 전혀 뜻이 없든, 우선 닥치고 공부해라. 공부에 한번 미쳐 보는 것이다. 이는 당신의 인생에서 어떤 식으로든 무조건 도움이 될 것이다.

더 미친 듯이, 더 성실하게

요즘 인기 있는 유튜버나 코인 투자 등으로 성공한 사람들을 보면 적은 노력과 운으로 쉽게 성공하고 많은 돈을 버는 것처럼 보인다. 하지만 정말 그럴까? 100만 유튜버가 되려면 자신만의 아이덴티티와 콘텐츠로 무장해야 한다. 언뜻 보면 그들은 조리 있고 재치 있게 말하는 화술을 타고났다고 생각할 수도 있지만 그들이 직간접적으로 쌓은 여러 경험이 그 바탕이 된 것이다. 말하자면 그들은 보통 사람들이 그냥 지나친 사소한 것조차 눈여겨보고 생각하며, 어떻게 전달할까 연구해 창작물을 내놓는 것이다. 운동선수는 또 어떠한가. 전교에서 공부로 1등을 하면 서울대에 갈 수 있지만 운동으로는 서울에 있는 대학에 들어가기도 힘들다는 말이 있다. 그만큼 좁고 좁은 문이다.

요즘 많은 사람들이 모든 일에 가성비와 효율을 따지는 나머지 성실히 하루하루 열심히 일하는 근로소득자의 삶이나 하루하루 열심히 공부해서 대학에 가는 사람들의 성실함을 평가절하하고 있는 듯하다. 하지만 나는 이러한 때일수록 성실함의 가치가 빛날 것이라고 생각한다. 인생을 살아가는 데 있어 효율과 가성비만을 외치고 그것만을 좇다가는 80점짜리 인생밖에 살 수 없음을, 100점짜리 인생을 살기 위해서는 무의미하게 느껴지는 인고의 시간을 성실을 무기로 버텨내야 함을 깨닫길 바란다. 그리고 그러한 인생의 시작은 바로 학창시절의 공부임을 이 책을 읽는 여러분들이 알았으면 한다.

시간과 노력을 들여서 최선을 다하는 것은 결과를 떠나 많은 가르침과 성장을 가져다준다. 그것은 단기간의 노력이나 운으로 성공한 소수는 절대 지니지 못하는 소중한 자산이다. 그래서 나는 다시 학생으로 돌아간다면 공부의 결과나 시험의 합격 여부에 연연하지 말고, 공부 그 자체에 의미를 두고, 매 순간 최선을 다해서 성실히 공부하고 싶다. 결과와 상관없이 그렇게 하는 공부는 그 자체만으로도 큰 성과를 나의 인생에 틀림없이 가져다줄 것이기 때문이다.

야, 너도 공부에 한번 미쳐 봐

1판 1쇄 발행 2025년 2월 20일
1판 2쇄 발행 2025년 3월 17일

지은이 서준석
발행인 오영진 김진갑
발행처 토네이도미디어그룹(주)

책임편집 박민희
기획편집 박수진 유인경 박은화 김예은
디자인팀 김현주 강재준
마케팅 박시현 박준서 김수연 박가영
경영지원 이혜선

출판등록 2006년 1월 11일 제313-2006-15호
주소 서울시 마포구 월드컵북로5가길 12 서교빌딩 2층
원고 투고 및 독자 문의 midnightbookstore@naver.com
전화 02-332-3310 팩스 02-332-7741
블로그 blog.naver.com/midnightbookstore
페이스북 www.facebook.com/tornadobook
인스타그램 @tornadobooks

ISBN 979-11-5851-307-8 (13370)